図工指導の教科書

細見 均 著

明治図書

はじめに

●図工に消極的なんてもったいない

数ある図工教育に関する本の中から，本書を手にしていただきありがとうございます。私は，絵心がない先生にも図工の素晴らしさを感じていただき，図工の授業に自信をもって取り組んでいただくお手伝いができればと願い，この本を書かせていただきました。

図工は，題材や指導に教師の工夫をたくさん入れることができます。加えて，子どもに幅広い能力を身につけさせることができる教科です。自分の創意工夫で子どもの能力が伸びていくというのは，教師冥利に尽きることではないでしょうか。

このような魅力的な教科に，絵心がないという理由で，積極的に取り組んでいないのだとしたら，何とももったいないことだと思います。

●コンプレックスは力になる

私は，現在公立小学校で，図工の専科教員として勤務しています。また，「図工人」（URL：http://zukoujin.com/）というサイトを運営し，図工に関する情報発信を行っています。そしてこのたびご縁があって，図工に苦手意識をもたれている先生のために本書を出版することになりましたが，実は私自身も図工にコンプレックスをもっている者の一人です。

採用されてから長らく通常の学級担任をしていたのですが，絵が好きだったこともあって，自ら希望して専科教員になりました。しかし，学生の頃は，美術を専攻するどころか，美術部にさえ属したことがありません。図工専科といえば芸術に一家言ある専門家ばかりの中，自分が場違いな道を選んだ気がして，美術を学んでこなかったことへのコンプレックスを強く感じました。

それは今でも消えた訳ではありませんが，自分なりに頑張って学んだり，調べたり，試したりしてきたその原動力は，このコンプレックスにあったと思っています。

幸い，私は，素晴らしい実践をされている諸先輩からたくさんのことを教えていただき，心優しい職場の方達に支えられて，今日まで図工専科を続けてくることができました。

絵心がないからと図工の授業に自信をもてないでいらっしゃる先生も，コンプレックスは力に変えることができると思いますし，進み始めれば，手助けや応援していただける人も現れて，道はきっと開けていくと思います。

●誰も教えてくれないこと

材料や用具の扱い方は，インターネットなどで調べれば手に入る情報も多いと思います。しかし，実際に子どもに教えることを想定したものは限られています。

接着に関して例を挙げてみましょう。木工用ボンドを使わせると，子どもは必要以上に出しがちです。木工用ボンドは薄く塗るべきなのですが，なぜ子どもは薄く塗れないのかを考えないと指導法は見えてきません。

この問題の解決策を知るには，インターネットでは限界がありますし，かといって身近に知っている人を見つけることも難しいので誰も教えてくれないという状態になってしまいます。そもそも，子どもが木工用ボンドを必要以上に出していることに気づかない場合は，問題として認識すらされません。

このように誰も教えてくれないようなことや，自分が問題だと思っていなかったことの中に意外と重要なことが隠れています。この本の中では，子ども達の様子を見ていて，私が気づいた指導上大切なことをできるだけ多く紹介するようにしました。ちなみに，木工用ボンドの指導については，２章で詳しく解説しています。

●図工の力がつく本を目指して

この本には，コピーするだけで使えるワークシートのようにすぐに役立つ内容も含まれていますが，全体を通して心がけたのは，「力がつく」本にするということです。「力がつく」というのは，先生の指導力がつくということですが，それは，子どもに能力がつくということにつながっていきます。図工の基本的な考え方に始まり，準備の仕方，作品の見方，授業の進め方を丁寧に解説し，決して小手先のテクニックではなく，本物の力がつく本であることを目指して１ページずつ書き進めました。

タイトルは「絵心がない先生のための」となっていますが，決して入門的な浅い内容ではなく，専科の先生が読まれても参考にしていただける充実した内容を心がけたつもりです。

●わかりやすく読みやすい本に

この本を書くにあたっては，絵も任せていただきましたので，読みやすくしたり，内容を説明したりするために，イラストや図をたくさん描いて文中に入れさせていただきました。特に，用具の説明や制作過程は，かなりわかりやすくできたのではないかと自負しております。

では，どうぞ図工の授業に役立つ情報がぎっしり詰まった本編にお進み下さい。この本が，手に取っていただいた方のお役に立てることを心より願っています。

Contents

不器用でも大丈夫！ 楽しい図工授業のつくり方

子どもを笑顔にする！
図工授業レベルアップ10の秘訣

今日から使える！
ワークシート

1章

絵心がなくても大丈夫！
図工授業の基礎基本

「図工」への誤解…あなたも思い違いしている？

図工という教科がどういう訳か，いろいろな誤解を受けているように感じています。最初にこの誤解について取り上げてみましょう。ひょっとして，あなたも誤解なさっているのではないでしょうか。

1 教師の誤解「絵が下手なので教えられない」

❶図工コンプレックス

自分は絵がうまく描けないとか，美的センスがないとか，図工に苦手意識をもっている人は意外に多いようです。先生の中にも「絵心がないので，子どもに自信をもって指導ができない」とか，「不器用だから図工は苦手だ」と思っている方が少なからずいらっしゃいます。

ただ，先生の図工に対するコンプレックスは，単なる思い込みの場合も多いように感じます。けれど，もし本当に絵心がないのだとしても心配は無用です。

❷絵の上手下手と指導の上手下手

私の周りには，美術系大学を卒業した人がたくさんいます。美術の知識はとても豊富ですし，個展やグループ展で作品を発表するなど活躍されています。もちろん素晴らしい先生もいらっしゃいますが，美術系大学出身の方がみんな，子どもにうまく教えられるかというと，必ずしもそうとは言えないように思います。絵がうまいことと，指導のうまさは，比例する訳ではありません。

❸図工を教える先生に求められるもの

教育現場に求められるのは，「絵が上手だけど指導が下手な人」ではなく，「絵は下手でも指導が上手な人」です。絵心がなくても美的センスに欠けていても，子ども達にうまく教えられればよいのです。「絵が上手」であることに越したことはありませんが，かといって「絵が上手」なことは図工教育の条件ではありません。

むしろ，苦手な先生の方が，描けない子の気持ちがわかります。つまずきの原因に気づき，努力と工夫をする可能性が高いので，子ども達に図工の楽しさを感じさせることのできる先生になれるのではないでしょうか。

ですから，苦手意識をもたれている先生も，ちょっと勇気を出して，図工に前向きに取り組んでみて下さい。一歩踏み出せば，案外，楽しく教えることができるかもしれません。

ポイント

絵は下手でも指導が上手な先生になればよい。

2 ｜子どもへの誤解「子どもの発想は素晴らしい」

❶保護者の見方

子ども達の作品展などで孫の作品を見に来たおじいちゃんやおばあちゃんから「子どもの発想は素晴らしいですね」という言葉をいただくことがあります。

自分たち大人が思いつかないような形，色，組み合わせで作られた絵や工作を見て，しきりに感心されているご様子。とても，ほほえましい光景です。

❷教師の見方

しかし，教師がそんな風に思っていたらどうでしょう。子どもが身につけていない力を身につけさせたり，不十分な力を伸ばしたりするのが教育です。それなのに「子どもの発想は素晴らしい」とさも完成したもののように考えてしまったら，できることといえば現状維持だけになってしまいます。また，発想の力はそれぞれ違うはずですので，子ども達みんなをひとくくりにして見ることもできません。

教師が子ども達の実態を把握する際は，孫の作品を見に来たおじいちゃんやおばあちゃんと同じではいけないのです。

ポイント

子どもの実態を把握し，足りない力を身につけさせよう。

3 教科の誤解「図工は役に立たない」

❶絵が描けなくても困らない

中学・高校で美術が副教科と呼ばれたり，受験科目にならなかったりすることから，図工が軽視される場合があります。

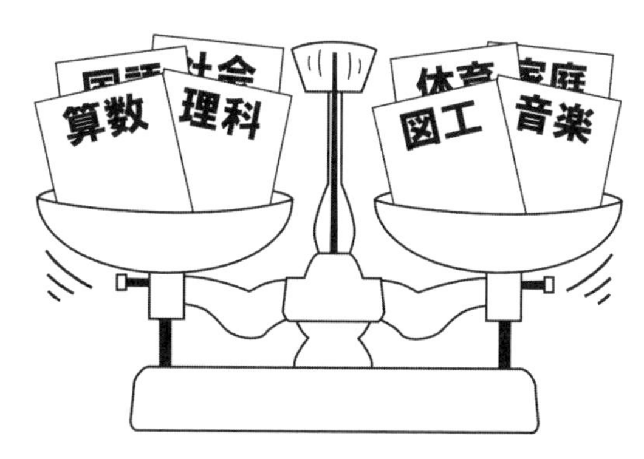

社会に出れば絵の上手下手は仕事には関係ないという考えからか，学校で教えることをやめて，絵を描きたかったら習い事をすればよいだろうと主張する方もいます。

しかし，それを言うなら，分数の計算を日常生活でどれほど使うでしょうか。星の動きが仕事に役立つのはどれだけの人でしょう。社会に出た時に役立てるために，子ども達は今その学習をしている訳ではありません。図工に限らず全ての教科は，心身の豊かな成長を促すために，発達段階に応じて学習するのです。

❷ものづくり国家を支える教科？

図工不要論を唱える人がいる一方，「日本は，ものづくり国家で，その基盤となる大切な教科が図工である」とおっしゃる方もいます。図工の重要性を主張していただくのは，ありがたいのですが，これもまた間違っています。

木，鉄，土といった身近な材料が職人の手にかかると美しい機能美をもった製品に作り変えられていきます。このような職人の素晴らしい技術を身につけさせてみたいと考える気持ちは理解できますが，図工は技術の習得だけを目的とした教科ではありません。そればかりを追求すると，何時間もかけて磨き続けたり，同じものを何度も作り直したりするような授業になっていきます。

ポイント

図工は，将来役立てるためや，ものづくりを継承させるために学習するのではない。

4 評価の誤解「評価が難しい」

❶美的センスのない人が美的センスを評価する？

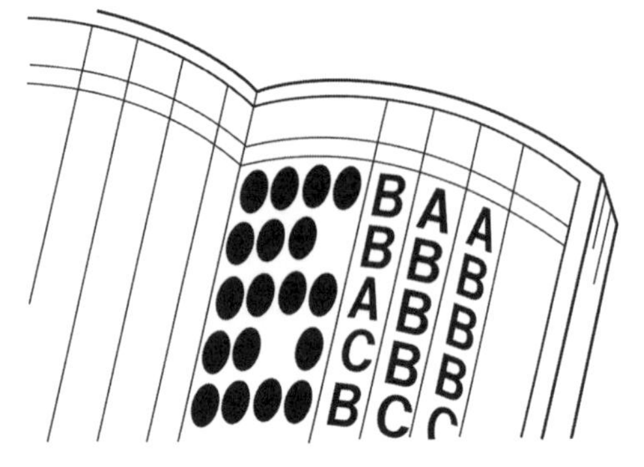

図工はペーパーテストをほぼ行わないので，点数という客観的な判断材料がありません。そのため，評価が難しいと感じておられる先生が多いようです。

確かに，図工の評価が，他人の美的センスを主観的に判断するものだとしたら，絵心がない先生にとっては難しいかもしれません。ですが，実際には，美的センスそのものを評価する訳ではありません。

❷元気に大きく描ければそれでよいか

「図工の評価で悩む必要なんてないよ。元気に大きく描けていれば，A評価にすればいいんだよ」なんておっしゃる先生もいます。

音楽は時間の流れの中で作り出す時間芸術で，美術は空間をどのように飾るかで作り出す空間芸術です。そんな空間芸術に大切な要素は，大きさです。四つ切りの画用紙を与えられて，そのほんの一部分しか使えない場合，空間を活かせていません。ですから，大きく描くのがよい場合も多いと思います。しかし，A評価は大きく描いたからではなく，めあてを達成できたかで与えられるものです。具体的に言うと，「大きく描く」というめあてがあって，大きく描けたらA評価になります。めあてが，「丁寧に描く」であったら大きくなくても丁寧に描かれていればA評価になるでしょう。

❸作品が上手にできたかを評価するのではない

そもそも授業というものは，その時間の活動にふさわしいめあてを設定して，子どもに取り組ませます。このめあてが達成できているかを子どもの活動の様子から読み取り，評価するのが正しいのです。完成した作品を見る場合でも，その時の活動の跡が読み取れる部分を見て，評価して下さい。

作品に美的センスが感じられるかどうかといったあいまいな基準ではなく，作品が上手にできたかということでもなく，めあてとして設定した事柄ができたかどうかを評価するのです。

ポイント

評価はめあてが達成できたかという視点で行えばよい。

まとめ

- 絵が下手だからこそ，教えられることがある
- 子どもの実態把握が正確にできてこそ，指導ができる
- 将来やものづくりのためではなく，成長のために学習する
- 作品の上手下手を評価するのではなく，めあてで評価する

図工の基本的な考え方を知ろう

図工を正しく理解するために，図工の基本的な考え方を説明し，その上で，「個性を大切にする」ということについて考えていきたいと思います。

1 図工が目指すもの

❶作品が目的ではない

造形遊びや鑑賞という活動があるものの，図工といえば作品をイメージされる方が多いと思います。確かに作品も大切な要素ですが，それを目的にしているという訳ではありません。

作品だけを重視していくと，活動の中で身につけなければならない大切な力が育たないことがあります。作品の出来をよくしようと，子どもの実態や発達段階を無視して見栄えだけで題材を選んだり，教師主導で決められたレールの上を進むような授業が行われやすくなったりします。

❷図工にとって作品とは

では，図工にとって，作品とはどんなものなのでしょう。粘土のランプシェードを制作する例で考えてみましょう。

まず，全体の形や窓の形はどのようにするか，「発想や工夫の力」が必要です。次に，粘土を薄くしたり，窓をあけ

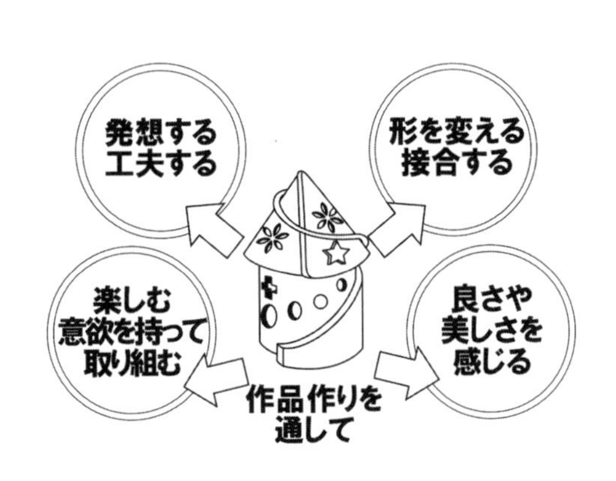

たりする「作り出す力」が要ります。形の美しさや工夫のおもしろさを自分や友達の作品から「感じる力」や，意欲的に取り組む「態度」も関係します。

これらの力を使いながら作品を作り，また，作品を作ることで，これらの力を伸ばしていくことができます。図工にとって，作品は，能力を伸ばしたり，獲得したりする場を設定するためのものと言えるでしょう。

❸図工の学習と身につける力

作品づくりだけではなく，造形遊びや鑑賞も含めてまとめておくと，図工は，色，形，イメージを基に表現することや鑑賞することを通して，「関心・意欲・態度」「発想・構想の能力」「創造的な技能」「鑑賞の能力」を伸ばしていく教科です。そして，これは，一方通行ではなく，高まった能力を使って，表現したり鑑賞したりして，表現や鑑賞の質そのものも高めていくことができます。

ポイント

作品を過度に重視するのではなく，作品を作ることで身につく能力に目を向ける。

2 図工の特性

❶豊かな心を育てる教科

図工は他教科にはない特性がありますが，その中で私が大切だと考えているものを三つ挙げておきたいと思います。

その一つ目は，「豊かな心を育てる教科」であることです。図工を学習することで，よいものに価値を見い出し，美しいものに感動し，色や形を大切にする心を育てることができます。

デザインや色彩への関心や芸術に親しむ習慣は生涯にわたって生活に潤いを与えます。図工はその基礎を培う教科です。

❷創り出す教科

二つ目は「創り出す教科」であることです。作品を作ることを通じて，創り出す体験と喜び，創り出すのに必要な基礎的能力を身につけます。しかも，その際には，感性を働かせながら，自分なりの作品を目指します。人の仕事がコンピュータや機械に取って代わられようとする現在，創り出すことや独創的であることの重要性が高まっています。図工は，そんな時代の要請にも応える教科と言えるでしょう。

❸幅広い能力を身につけられる教科

三つ目は「幅広い能力を身につけられる教科」であることです。それは扱う用具が多いので，いろいろな技能を身につけられるということだけではありません。板と電動糸のこぎりで作る工作であっても，下描きしないで切っていく場合もあれば，板の厚みを考えてミリ単位の計画を必要とする場合もあります。同じ材料・用具を使っても，違ったアプローチで取り組むことで，違った能力を高めることができます。

適切な題材を設定することで，子どもに必要な様々な能力を高めていくことができる教科です。

3 個性を大切にするとはどういうことか

❶自由にすることと個性を大切にすること

「個性を大切にしたいので自由に描かせたい」「自由な発想をさせて，子どもの個性を伸ばしたい」というように，「個性」と「自由」をセットにして考える方が多いようです。しかし，自由にさせることが，本当に個性を伸ばすことになるのでしょうか。

何も教えない究極の自由，学校に行かず，親にも教えられず，自分のやりたいことだけをして生きたとして，その子に尊重するに値する個性が育つのかを考えてみれば，自由が個性にとって必ずしもプラスに働く訳ではなさそうです。

❷自由に描かせた絵

「自由に絵を描きましょう」と言うと，何を描いてよいかわからず固まってしまったり，描けたとしても，その子がもっている力より随分幼く，雑な絵になったりしがちです。自由という言葉は，本来教師が指導する部分まで，子どもに丸投げしてしまう，教師にとっては楽な言葉です。何をどんな風に描くか考えるところから始めないといけないので，考えつかない子は固まってしまい，描くものが見つかった子も，描き方の指導は受けていませんから雑になりがちです。

❸自由の問題点

自由の一番の問題は，今まで身につけた力を使っているだけで，新しい力を獲得しないことです。

何のために授業を受けるのか，それは，「できなかったことをできるようになるため」であるはずです。新たに獲得できる力がない「自由」は，たとえ個性を尊重していたとしても教育ではありません。

❹何から何まで教える人達

教えない先生がいる一方，何から何まで教える先生もいます。構図から使う色，混色する量と色，描く順序，などなど。かけ声をかけて一歩一歩踏み出すように懇切丁寧に指導していきます。このスモールステップで学習する方法は，子ども達にとってもわかりやすく，作品の完成度も高いものができ上がります。よいことずくめのようですが，残念ながら全て教えたように見えて，大切なことを指導し忘れています。

それは，創造性です。自分で考え，工夫する力を置き去りにしてしまっているのです。結果，クラス全員の絵が同じになってしまいます。これでは，個性を伸ばすことはできませんし，第一，図工はコピーを作るための教科ではありません。

❺工夫させれば感性が働き始める

自由にさせても，何から何まで教えてもだめだとしたらどうすればよいのでしょうか。その答えは，「適切なめあてを設定する」ことです。

例を挙げてみましょう。「形を工夫しながら線を描こう」というめあてを設定し，授業を行ったとします。工夫して描こうとするといろいろな形の線が描かれます。四角くしようか，丸くしようか，点線で表そうか，太くしようか細くしようか，子ども達はいろいろと考えながら線を描きます。工夫しようという意識が，感性が働くスイッチになります。自分がよいと思う形を描いているので，自然とその子なりの絵になります。つまり，工夫することで，個性が表れるのです。

逆に自由に描かせると多くの子が同じような線を描きます。これは，どうしても手を動かしやすい動作が多くなり，それで描ける形が決まってくるからです。

【工夫が線の形を個性的にする】

ポイント

自由にさせると作品の完成度は落ち，個性は育たない。何から何まで教えても，完成度は高まるが，個性が育たない。個性を育てるには，適切なめあてを設定する。

まとめ

- 図工は表現や鑑賞を通して豊かな情操を養う教科
- 自由にさせても個性は育たない
- 適切なめあてを設定することが大切

図工の評価について知ろう

ペーパーテストのような客観的な判断材料のない図工の評価はとても難しく思えますが，正しい教科理解の上で子どもの活動を見れば，評価は怖くありません。ここでは，評価で役に立つ考え方や方法を具体例も交えながらお伝えしたいと思います。

1 子どもに今の状態を教える評価

成績をつけることも大切ですが，それ以前に，子どもの状態を評価した時は，なるべく子どもに声をかけましょう。図工は，「正解」「不正解」が，答え合わせでわかる教科と違い，自分のしていることが果たして正しいのか，客観的にわかりません。

そこで，現時点での評価を伝えることで，子ども自身に自分の状態をわからせてあげましょう。図工が苦手な先生は，難しそうと思われるかもしれませんが，机間巡視すると，めあてを達成しようと頑張っている子とめあてにうまく迫れない子がわかるはずです。

❶声かけの方法

めあてを達成しようと頑張っている子には，「うまいね」や「よい感じだよ」などの言葉でよいのですが，めあてに迫れていない子には，どこがどのように問題なのかをわかっていませんから具体的に言いましょう。「ここがかすれて，線がきれいに描けてないよ。筆先をそろえてゆっくり描いてごらん」などと問題点と解決方法を細かく伝える必要があります。

❷全体に広げるために

理想を言えば，全員に「声かけ」をするのがよいのですが，限られた時間では難しいでしょう。そこで，めあてを達成できている子の作品を全体に見せることで，評価を広げましょう。こうすることで「声かけ」からもれた子も，

どのようにすればよいかがより具体的にわかりますし，比較対象が提示されたことで，今の自分の位置がどのあたりなのかもわかってきます。

ただ残念ながら，悪い例は見本として子どもから借りることはできません。悪い見本は，先生が示してあげて下さい。

ポイント

子どもに評価を伝えて，現在の状態を認識させる。

2 関心・意欲の評価

❶新しいものにとびつけば関心・意欲は高いのか

ここからは，成績としての評価を見ていきましょう。まずは，関心・意欲です。新しい題材に入った時は，ほぼ全ての子が意欲を示します。しかし，新しいものに興味をもったからといって，関心・意欲がA評価（十分到達で

きている）にはなりません。

図工も学習ですから，苦手なことに挑戦しなければならないことや，身につけるために繰り返しが必要なこともあります。そのようなことに対しても前向きに取り組むことが，関心・意欲の高さを示すのだと思います。

❷関心・意欲は終盤でよくわかる

新鮮味がなくなる題材の終盤で，なおも工夫を積み重ねている子，作品の完成度を上げようとしている子は，本当に関心・意欲の高い子です。こういった子はぜひ認めてあげてほしいと思います。ただし，単に作業が遅いだけの子が当てはまらないことは，言うまでもありません。

ポイント

新しいものにとびつくのが関心・意欲の高さではない。

3 作品の評価の仕方

❶作品は活動の跡を見る

次に，作品の評価を考えてみましょう。すでに述べたように，作品の良し悪しを判断するのではなく，めあてが達成できたかを活動の様子から評価します。

そうは言っても，作品には活動の様子が残ります。作品を見る場合は，この「活動の跡」をめあてと照らし合わせながら行いましょう。

❷作品評価の具体例

針金を使った工作の例で作品の評価を考えてみましょう。「針金の線を工夫して，立体的でおもしろい形を作ろう」というめあてを設定して，ペンチの使い方や針金の切り方，形の変え方を学習して作品制作に取り組んだと想定します。針金の形の変え方については，図のように「曲げる」「巻く」「よじる」を事前に学習したと考えて下さい。そして，最終的に下の写真のような四つの作品ができ上がったとします。これらの作品を評価してみましょう。

【針金の形を変える事前の学習内容】

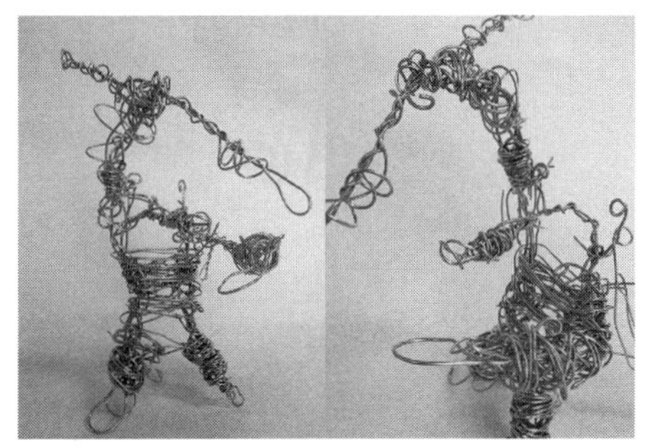

ア　ダイナミックでおもしろい作品

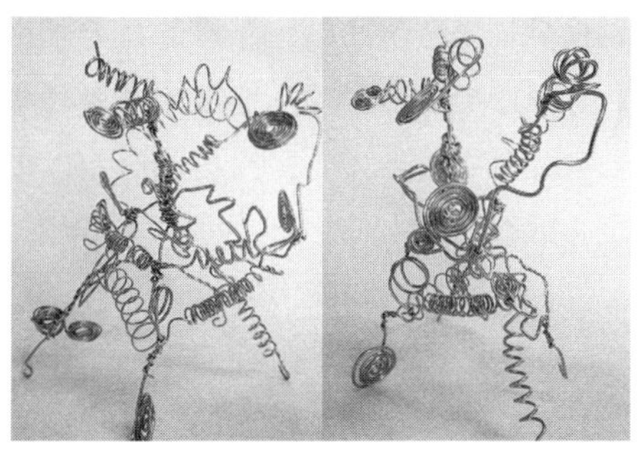

イ　美しく形を工夫した作品

ウ　シンプルで形が美しい作品

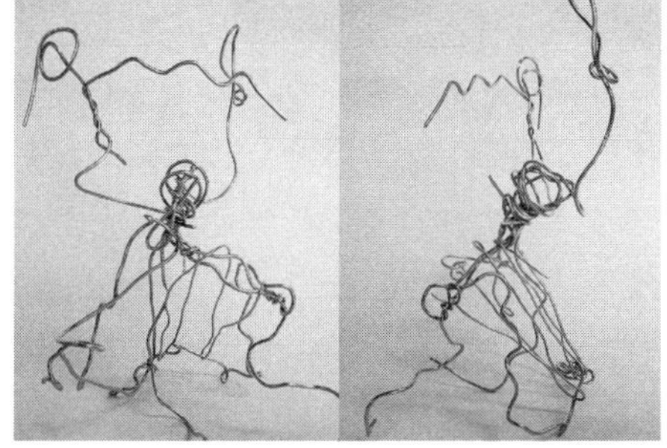

エ　形が不安定な作品

【評価対象の針金作品４例】

イの「美しく形を工夫した作品」が高評価になり，エの「形が不安定な作品」が好ましくない評価になるのは，おわかりいただけるでしょう。

では，アの「ダイナミックでおもしろい作品」はどうでしょうか。全体的な形は確かにおもしろいですが，針金をぐるぐる巻きつけているだけで，残念ながら，針金の曲げ方や巻き方，よじり方の学習はほとんど活かされていません。この作品の技能評価にAをつけるのは，無理があります。

ところで，アの作品は，巻きつけるだけなので，短時間で材料を使いきります。材料の本数が決まっている場合は早くできて時間をもて余しますし，逆に必要なだけ与えると，材料の大量消費が始まります。こういった作品は，量で質をカバーして，なかなかおもしろい作品になりますので，教師はそれに惑わされないようにする必要があります。この活動を通じて「針金を巻きつけていたら偶然おもしろい作品ができる能力」を期待した訳ではありません。

ウの「シンプルで形が美しい作品」も，大人は惑わされがちです。無駄を省き洗練されているように思うからです。こういう子は最初に与えた針金を多数余らせています。使った針金が少ないということは，その作品は工夫の絶対数が少ないということです。それに加えて，横から見ると平面的で，立体的な形を発想できなかったことがわかります。大人のシンプルは，多くのアイディアから無駄を削ぎ落としてでき上がっていきますが，子どものシンプルは，単にアイディアが浮かばない結果である場合が多いことを知っておくとよいでしょう。

ポイント

作品は，めあてと照らし合わせて評価する。

4 鑑賞の評価の仕方

❶文章の上手下手は鑑賞の成績に影響するか

感想を書かせて，それを基に鑑賞の評価をされている方が多いと思います。そして，この評価の方法で気になるのが，文章表現の上手な子が鑑賞でA評価になるのではないかということでしょう。

ただ，文章表現の上手な子の感想は，内容が理解しやすく，本当に深く見ているかそうでないかは，比較的わかりやすいと言えます。色や形，イメージなどに基づいて作品を見ているか，それまでの活動のめあてと照らし合わせながら作品を見ているか，その子の文章から読み取って評価してあげて下さい。

❷鑑賞の力を知る方法

難しいのは，鑑賞の力があるのに文章表現の苦手な子です。こういった子の鑑賞の能力はどのように見極めればよいのでしょうか。

鑑賞と表現は車の両輪のようなものです。鑑賞の能力の高い子は，絵や立体，造形遊びなどの表現にも力を発揮します。教師が例示した形や方法，活動中に紹介した作品の工夫などをうまく自分の表現に取り入れている子はいないでしょうか。その子は，文章表現が苦手だとしても，鑑賞の力が高い子です。

その他にも鑑賞の力を見る機会は，活動中のつぶやきや友達との会話，相互鑑賞などいろいろな場面がありますので，感想文や作品だけではなく，その他の場面もうまく活用してみて下さい。

ポイント

文章だけでなく，作品の中にも鑑賞の力はうかがえる。

5 評価は厳格でなくてはならない

❶できていないのに救ってはいけない

時々，「他の教科は箸にも棒にもかからない。せめて図工で救ってやりたい」と言って成績をつける先生がいます。「図工ではＣ評価はつけません」と言う人もいます。

九九が覚えられなかったり，漢字が書けなかったりする子をＢ評価（おおむね達成している）にはしないでしょう。図工が教科である限り，他教科と同様に，評価は厳格であるべきです。全ての子をＢ評価まで引き上げることのできる素晴らしい力量をもった先生なら別かもしれませんが，いくら指導してもめあてを達成できない子はいます。このできない子をＣ評価にしないのは，「評価基準が甘すぎる」か「評価を偽っても平気」かのどちらかなのでしょう。

❷評価のいい加減さは教科のいい加減さにつながる

日々の授業のめあてをしっかりもち，めあてが達成できているのかチェックして，その積み重ねで成績をつけていれば，「できない」子を「できる」と評価するのは到底無理です。

「救ってやる」などという教師の気持ち一つでなんとでもなるような評価のいい加減さは，教科自体のいい加減さにつながり，図工の地位を落としめることにつながると思います。

❸活動記録をつけよう

いい加減な評価をしないためにも，活動の時間内に，活動記録をつけましょう。作品に跡が残るとはいえ，その時間ごとに評価しておいた方がわかりやすいと思います。特に，造形遊びは，作品として残りませんから，その時間の記録が大事です。

そこで，活動に入って，声かけや個別指導が一段落したら，児童名簿を片手に活動記録をとることをおすすめします。めあての設定にもよりますが，関心・意欲，発想・構想，創造的な技能に分けて，その時点の評価を記録しておきましょう。

この記録が積み重なることで，厳格な評価ができるようになりますし，児童名簿に情報が蓄積されていきますので，結果的に楽に評価できるようになります。

ポイント

図工の評価を子どもを救うために使ってはいけない。

まとめ

- 子どもに今の状態を評価して伝えることが大事
- 新しいものにとびつくだけでは，関心・意欲が高いとは言えない
- めあてと照らし合わせて，活動や作品を評価する
- 評価は厳格に行う

図工授業の準備をしよう

題材を決め，材料や用具を準備しなければ授業はできません。ここでは，授業の前段階として，題材選定の考え方から，年間指導計画の立て方，材料の準備の仕方までを取り上げてみます。

1 題材を選定しよう

❶教師の思いで題材を選ばない

「こんなかっこいい工作をさせたい」「こんな絵を描かせられたらいいのに」と思う題材に出会うことがあります。

しかし，題材を選定する時にまず考えなければならないのは，「子どもにどんな力をつけさせたいのか」ということです。

子どもの実態と照らし合わせて，その題材が必要としている力をつけることができるか考えましょう。題材選定には，様々な要素がかかわってきますので，題材を教師の思いだけで選んではいけません。

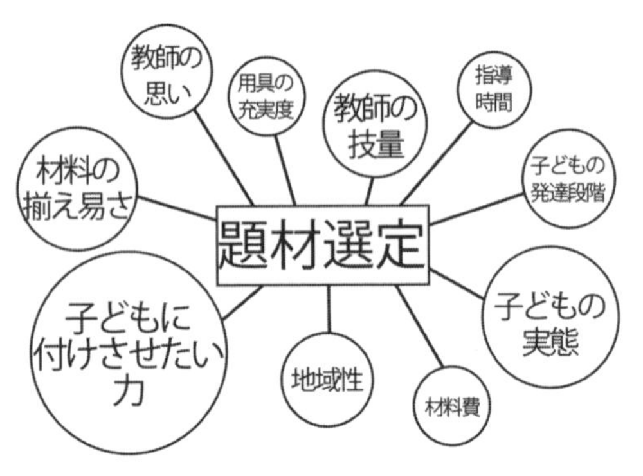

❷人気のある題材が下の学年で取り組まれる不思議

新しい題材が，複数の学校で実践され，次第に広がっていくことがあります。すると，不思議なことに，当初取り組まれていた学年より徐々に下の学年で取り組まれるようになります。

なぜこんなことが起こるのでしょうか。これは，つけさせたい力で題材を選ばず，作品中心に選んでいるので，子どものことを考慮していないからという理由に加えて，レベルの高いことをさせた方が見栄えがよいと教師が考えるからです。

子どもの発達段階を無視した題材が，子どものためになるとは思えません。題材は，教師の見栄で選ばないようにします。

❸子どもにつけなければいけない力は何か

題材の選定にあたっては，教師の思いで選んでも，教師の見栄で選んでもいけません。繰り返しになりますが，「子どもにどんな力をつけさせたいか」で選びます。「どんな力」と言われても，そこのところがわからないから困るという方もいらっしゃると思います。それを考える際には，学習指導要領解説に書かれている各学年で扱う材料と用具が目安になります。

学年で取り上げるとされている材料・用具から，それの扱い方を検討し，つけさせたい力を考え，題材を決定するという流れで考えていくと比較的わかりやすいのではないでしょうか。

ポイント

題材を選ぶ基準は「子どもにどんな力をつけさせたいか」

2 | 年間指導計画を作ろう

❶最強のアイテムは教科書

指導要領からつけさせたい力を考え，子どもの実態と照らし合わせないといけないなんてやっぱり図工は大変だと思った方もいらっしゃるでしょう。けれど，これは，新たな題材を開発する場合や，気に入った題材を自分でもやってみようと思う場合です。

普段の授業のために，指導要領の内容を吟味し，学年に応じた材料・用具を提案し，題材としてまとめあげた最強のアイテムが身近にあります。それは，教科書です。教科書は子ども達のためだけのものではなく，教師のためのものでもあるのです。

❷他学年の教科書を見よう

最近の教科書はとてもよくできていて，その学年で使う材料・用具の扱い方が一目でわかったり，題材のめあてが提示されていたり，扱い方のバリエーションが紹介されていたりと，まさに至れり尽くせりです。

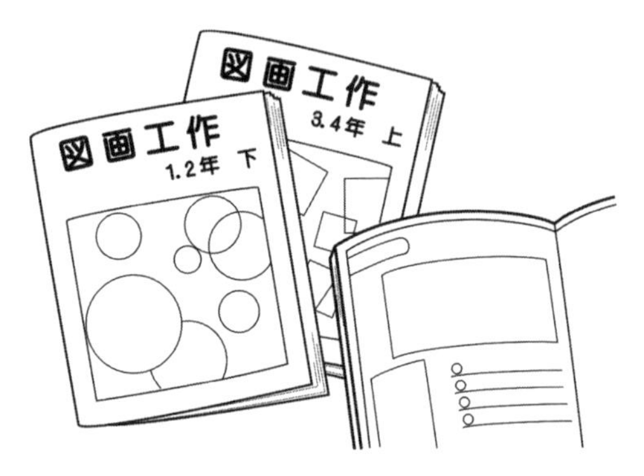

そんな便利な教科書を見る際に一つ提案があります。それは，他学年の教科書も見ておくということです。図工では，同じ材料・用具を学年が上がるにつれて違う方法で扱うなどしますが，そのつながりがわかりやすいように，ページ構成が考えられています。他学年の内容を知ることで，系統性がよくわかり，発達段階を考える習慣がつくようになります。

❸年間指導計画はゆとりをもって

教科書の題材や教科書以外の題材から，授業で取り上げるものを選んで，年間指導計画を立てましょう。ただ，教科書の内容を全て行うのは時間的，費用的に無理です。指導書に書かれている時間は，あくまで目安で，丁寧に扱えば，すぐその時間をオーバーしてしまいます。

加えて，図工はものに働きかける教科です。どんな活動においても，対象となる紙や粘土，木や針金などの材料が必要になります。教科書の内容を全て行おうとしたら，材料費がいくらあっても足りないでしょう。教科書の内容を精選して，金額的にも無理のない計画を立てましょう。

❹年間指導計画の例

表をご覧下さい。３年生の２学期の計画例です。中学年は年間60時間で計画しますが，この例は，２学期の24時間分のものです。ほぼ，１か月に１題材で考えてみました。

水彩絵の具とかなづちのように，その学年で初めて取り上げる用具の学習は，練習課題などを用意して技能習得の時間をもつことも必要です。そして，題材の最後には，振り返りと鑑賞の時間も確保しなければいけませんので，６時間や８時間の計画でも実際の制作時間は２～３時間短くなります。

計画を詰め込みすぎると，指導がおろそかになったり，活動が中途半端になったりしますので，計画は余裕をもったものにしましょう。

９月	10月	11月	12月
色いっぱい夢いっぱい （絵・絵の具） ６時間	くぎうちトントン （工作・かなづち） ８時間	粘土をかき出して （立体・土粘土） 写真で魅力発見 （鑑賞・カメラ） ４時間・２時間	割りピンでつないで （造形遊び） ４時間

【表　年間指導計画２学期の例（３年生)】

ポイント

年間指導計画は詰め込みすぎず，ポイントを押さえて。

3　材料を準備しよう

❶材料準備が授業の質を左右する

図工で一番大変なのが，材料の準備でしょう。特に，造形遊びには，大量の材料が必要になる場合があります。また，空き箱やペットボトル，古布などを集めるにはある程度の時間がかかります。そのため，年間指導計画に基づいて計画的に材料の確保をする必要があります。学年通信などで，保護者に知らせたら，ろうかなどに段ボールで作った材料ボックスを設置して，持ってきた材料を入れさせるようにするとよいでしょう。材料が多ければ多いほどよいという訳ではありませんが，材料が足りないと発想を限定してしまいますので，計画的に準備して十分な量を確保しましょう。

❷飾る材料は教師が準備

空き箱やペットボトルなど廃材を集めるというのはよいのですが，ボタンやスパンコール，ビーズなどを子どもに持ってこさせるというのはあまり感心しません。装飾用の小物は，その子の保護者がお金を出して購入されたものです。それを自分だけのために使ったのだとしたら，他の子と随分差がでますし，みんなに配って使ったとしても特定の子に費用を負担させていることになって釈然としません。飾る材料は，教師が教材費で準備しておきましょう。

❸市販の工作キットはひと手間加える

教材メーカーから工作キットが販売されており，そこには，その題材に必要な材料が全てセットされています。多忙な先生には，とても便利なものです。これをそのまま使ってもよいのですが，ひと手間加えると作品が引き立ちます。といっても，難しいことではなく，材料を追加するというだけです。工作キットの中身は，最小限の構成になっています。ですから，それで作ると，材料の制約から，似たようなものができ上がります。しかし，そこに，新しい材料が追加されたら，その材料からさらに活動が豊かになります。

私も釘打ちゲームの工作キットを使いますが，ホームセンターで釘を箱買いして追加します。こうすることで，キットだけの時より，打つ釘の本数が増え，技能が上達しますし，作品もおもしろいものになります。

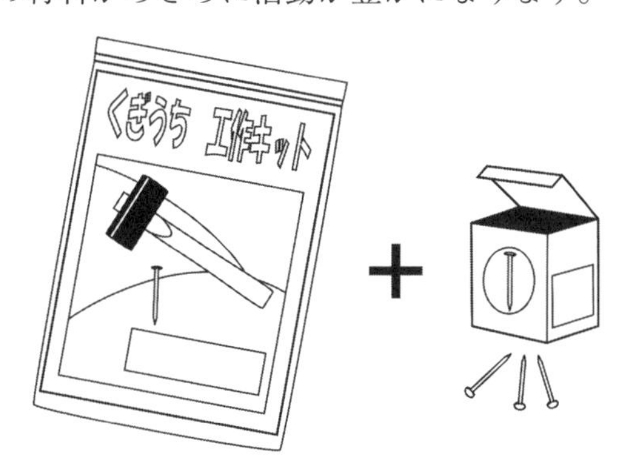

ポイント

工作キットに材料を追加してみよう。

4 用具を点検しよう

❶我慢して使う用具は危険

授業を始める前に，材料とともに準備しておかなければならないのが，用具です。かなづちやバール，のこぎりや万力，カッターナイフにカッターマット，粘土ベラに粘土板，例を挙げるときりがないほど，図工ではいろいろな用具を使います。これらの用具を使用前と使用後にしっかり点検しておきましょう。用具は悪くなったり，壊れたりして数が減っていきます。数が足りないと，状態の悪い用具を無理して使ったり，待ち時間が増えたりして，怪我や子どもどうしのトラブルにつながります。

今回，我慢して乗りきったとしても，次の年にはさらに悪条件になりますから，早めに交換したり，補充したりしておきましょう。

❷快適な用具が技能を磨く

曲がった刃の電動糸のこぎり，刃の錆びたカッターナイフ，頭がグラグラのかなづちなど，状態の悪い用具をそのままにしている図工室を見ることがあります。状態の悪い用具を使うと怪我をしたり，変な癖がついたりします。教師の務めとして，用具は快適に使えるものを準備しましょう。

私は，カッターナイフを初めて学習する前に，刃を新しくします。あまり使っていない比較的長い刃も含めて全てを替えるのです。カッターナイフの刃の寿命は意外に短く，先端部分以外も湿気や汚れなどで劣化し，刃先を折ってもよく切れないことがあります。子ども達がスパッと切れる感動的な切れ味を体験して，正しいカッターナイフの使い方を身につけてくれるなら，刃を年に１～２回総替えするぐらいの投資は，積極的に行えばよいと思います。

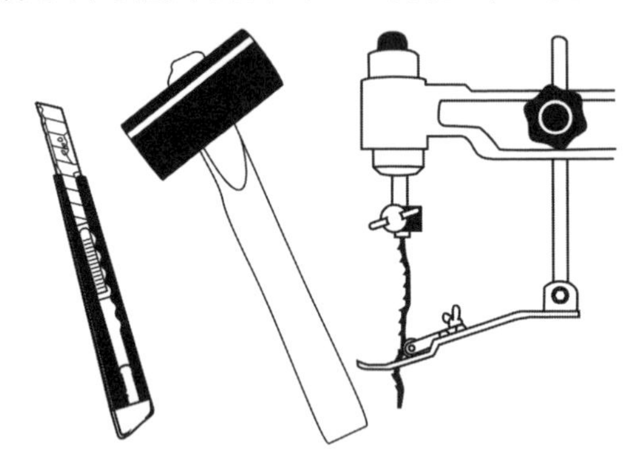

❸用具の片づけに気をつかおう

年間指導計画を作っていれば，その時々で必要になる用具がはっきりします。なるべく早い段階でそれらがそろっているか確認しましょう。もし，必要なものがそろっていなかったら，購入しなければなりません。高額なものは一度にそろえられないでしょうから，計画的に購入する必要があります。案外，自分が行う題材以外で使われる用具には気が回らないものなので，人任せにせず，気づいた方が，購入担当者や図工担当者と相談して，用具を充実させましょう。あわせて，使えないものや使わないものは思いきって処分することも必要です。

ところで，用具は準備する時より片づけに気をつかって下さい。次の人が気持ちよく使えるように，使用して汚れたものはきれいにして，壊れたものは廃棄と補充をして，美しく整頓して収納します。題材が終わると気を抜いてしまい，何か月も借りっぱなしにしたり，汚れたものをそのまましまい込んだりする先生はわりといらっしゃいます。

準備は「自分のため」，片づけは「人のため」です。日々，忙しいのはわかりますが，自分のことだけやって，人のためを思わないのはほめられることではありません。

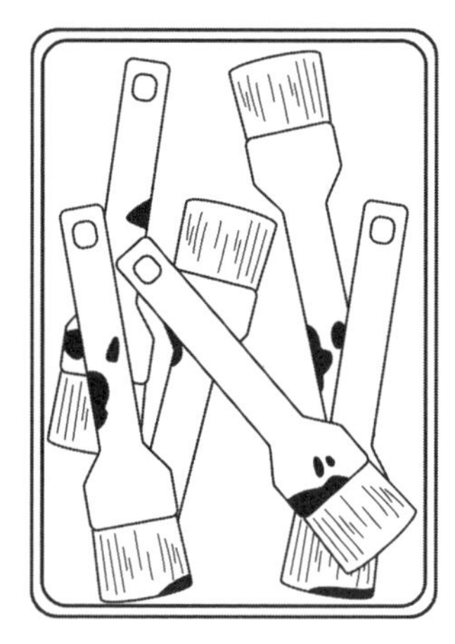

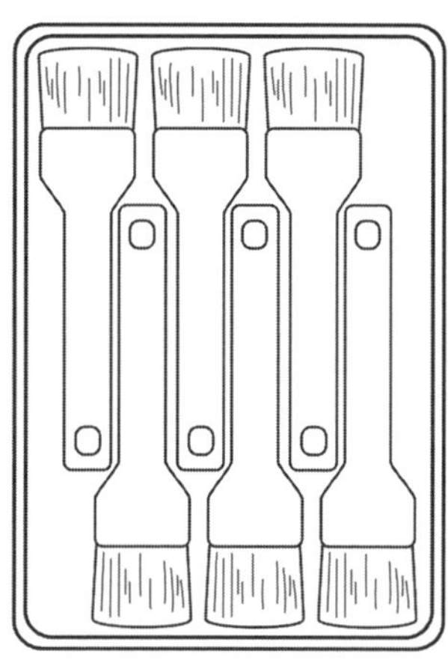

ポイント

子どもが使う用具こそよい状態のものを。

まとめ

- ●子どもにどんな力をつけさせたいかで題材を選ぶ
- ●年間指導計画は余裕をもったものにする
- ●材料は授業の質を左右するので，十分な量を計画的に準備する
- ●用具は次の時に気持ちよく使えるように片づけを重視する

図工の授業を始めよう

準備ができたところで，いよいよ図工の授業を始めましょう。授業の流れに沿って「導入」「めあて」「活動」「鑑賞」「片づけ」を詳しく解説しました。気をつけることやうまくいくコツなどをたくさん盛り込みましたので，ぜひ実際の授業に取り入れてみて下さい。

1 図工の授業の流れを知ろう

❶基本的な流れ

図工の授業は，概ね導入→めあての確認→活動・鑑賞→振り返り・片づけといった流れで行われます。

造形遊びは１回で完結する場合が多いですが，絵や工作は，数週にわたることがよくあります。この場合は，上の流れを繰り返していくことになります。題材全体の流れは，図の様になります。

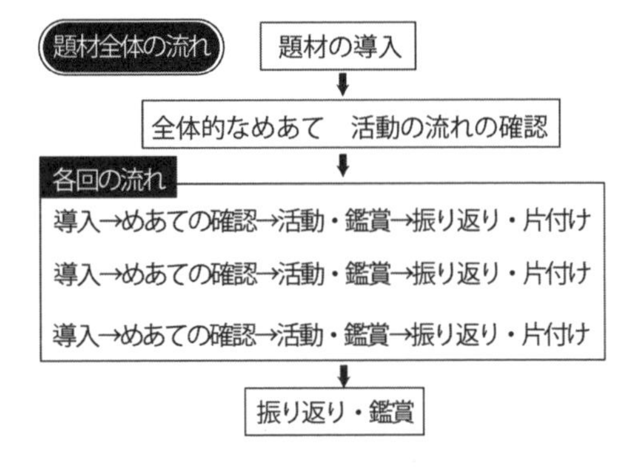

❷数週にわたる題材は区切りを工夫する

題材の各回の活動については，その日の活動がその日で終わるような計画が理想です。例えば，１回目は「材料を切る」，２回目は「色を塗る」，３回目は「組み立てる」というようにすると，子ども達は毎回新しいことに取り組むというワクワク感がもてますし，教師の指導も行き届きやすくなります。

同じ時間に材料を切る子，色を塗る子，組み立てる子などいろいろな状態の子がいたら，教師は対応に追われることになります。もちろん，作業の早い遅いがありますので，全員の足並みをそろえることは難しいですが，その時間の主な活動を絞っておくのは大事なことです。

❸区切りが悪くなると教師の話が長くなる

図工では，製作方法だけでなく，材料用具の使い方も指導しなければなりません。区切りが悪くなることで起こるもう一つの問題が，教師の説明時間が長くなることです。

区切りが悪いと説明が長くなる

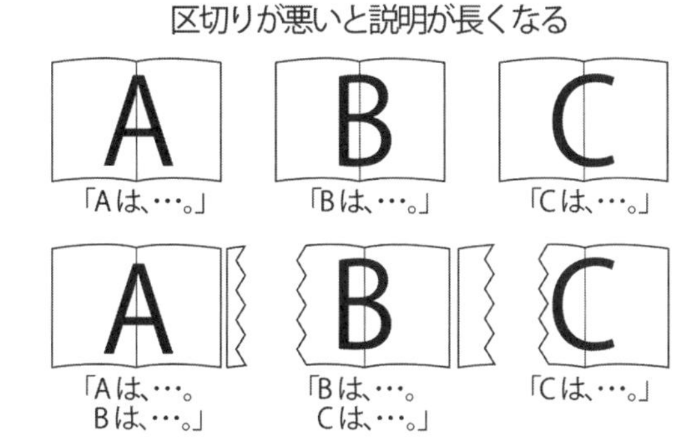

どうしてもたくさん話さないといけない場合は，後回しにできる話は活動をある程度進めてから行うなどの工夫をしましょう。また，用具の指導に時間がかかるなら，それを作品制作から独立させて，練習の時間をとるのも一つの方法です。

ポイント

複数回の題材は区切りよく計画する。

2　導入を工夫しよう

❶導入の工夫で授業が豊かに

ここからは，授業の流れを個々に取り上げながら，解説していきます。

導入は，興味を高めたり，学習の意味づけを行ったりする大切な時間です。また，導入を工夫することによって，発想を広げたり，技能の向上に役立ったりします。例を挙げてみましょう。

❷導入によって発想を広げる

【導入例１】
木の周りの様子を描くために，子ども達に，木の周りにあるものやいるものを想像させ，それを発表させて導入とする。

この場合，「木の周りに何があるでしょう？」と質問するより，「この木はどこに生えているでしょう？」と，木の生えている「場所」を聞いた方が発想は広がりやすいでしょう。ほんの些細な言葉の違いによって，呼び起こされるイメージの広がりは，随分違ってきます。

「公園」「学校」「山」「海」などと，友達の言葉に触発されて，次々と場所が提示されます。そこで先生が「海のどこ？」などと聞くと「海の近く」「海の中」のような意見も出始めます。「あっ，水中いいね」とありえない場所でも肯定すると，「宇宙」「雲の上」「地面の中」などさらに発想が広がります。

場所が「宇宙」に決まるとロケットや宇宙人，星やUFOなど周りのものはすぐに思いつきます。このように，導入によって子ども達の発想を広げてから活動に入ることで，表現が豊かになります。

❸導入によって技能を高める

【導入例２】
二つの作例を比較させることにより，なぜ美しさに違いがあるのかを考えさせて導入とする。

模様を描く活動の際に，気をつけさせたいポイントを自ら見つけさせて，技能を高めることもできます。「ＡとＢどちらの模様がきれいでしょう？」「なぜ，Ｂの方がきれいに思えるのでしょう」と質問すると「隙間なく模様が描かれている」「線の太さに違いをつけている」「黒く塗っている」と違いを見つけます。

この違いが，活動する時の注意すべきポイントになります。教師が一方的に説明して受け身で聞くより，自分たちで能動的に見つけた方が印象に残り，気をつけて活動できるようになります。

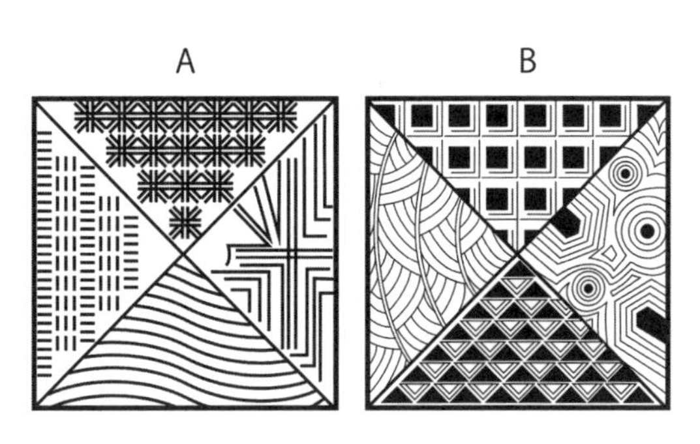

ポイント

導入をうまく使うと活動の質が高まる。

3 めあてを板書しよう

❶自分のためにめあてを板書する

この時間の学習で子ども達につけさせたい力は何なのか。この活動をする意味は何か。授業には必ず目標があります。その目標を子どもにわかりやすい言葉「めあて」として示しましょう。このめあては，必ず板書することをおすすめ

します。色を塗る，組み立てるなどの活動内容ははっきりしていても，どのように色を塗らせるのか，どのようなことに気をつけて組み立てさせるのかがあいまいなことがあります。板書することで，教師自身がめあてをしっかりつかめているか確認できます。

❷めあてには，高めたい能力を入れる

「色を塗ろう」のように，活動だけを示したものは，めあてとしては不十分です。これなら，とにかく色さえ塗ればめあては達成されます。

めあての中には，「色の組み合わせを考えながら，塗り方を工夫しよう」などのように，「発想・構想の能力」「創造的な技能」「鑑賞の能力」のどれかの力，もしくは，複数の力が高まるような言葉を入れましょう。

ところで，「関心・意欲」はめあてに入れなくてもよいのでしょうか。入れるのがいけないとは思いませんが，真剣に学習に取り組み，「めあてを達成しようとする姿勢」が関心・意欲の高さであるとすれば，関心・意欲をめあて自身の中に入れるのはそぐわない気がします。

❸全体指導で理解させる

子ども達にめあてを知らせれば終わりではありません。むしろここからが教師の出番となります。めあてを達成するために，気をつける点や実際のやり方などを指導して下さい。この時の全体指導が重要です。

ここをわかりやすい言葉で具体的に指導できれば，活動中に困る子を劇的に減らせます。個別指導も大切ですが，一人の教師ができる個別指導には限界があります。それより，全体指導でなるべく多くの子どもに理解させるこ

とが大切で，それが授業の上手な教師の条件と言えます。

書画カメラを使って手元を大型テレビで見せる，参考になりそうな動画を再生する，過去の作品を見せるなど，わかりやすく伝えるためなら何でもするという気持ちで臨みましょう。図工が苦手で実際にやってみるのに抵抗がある方は，事前に写真を撮って，それを見せながら説明するのがよいでしょう。

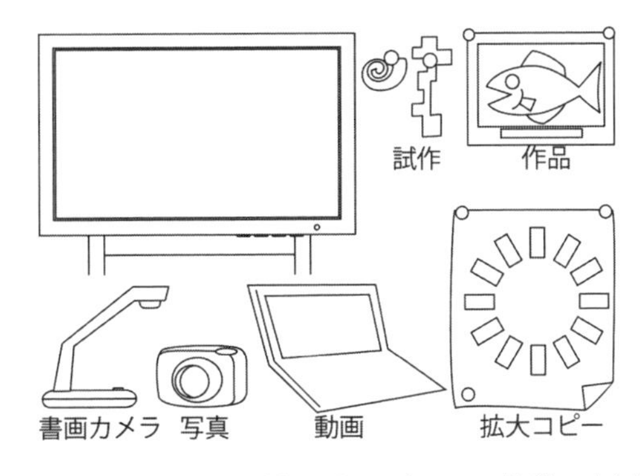

ポイント

めあてを意識させ，めあてを達成する方法を全体指導でわかりやすく指導する。

4 活動中は子どもをよく見よう

❶活動中に全体指導はしない

子どもがつまずきそうなところをあらかじめ予想し，事前に指導しておけば，活動に入ってからの指示は必要ありません。

そうは言っても，予想外のことが起こる場合もあります。急を要するならたとえ活動に入ったばかりでも，話をする時は，一度手を止めさせます。これは，子どもにしっかり聞かせるためですが，子どもの活動を中断して話をすることになるので，教師自身も自分の指導がまずかったことを自覚できます。

子どもに活動させながら平気で言い忘れたことを追加し続けていては，教師の力量は向上しないと思います。

❷子どもをよく見る

活動を始めたらとにかく子どもをよく見ましょう。机間巡視して，できていない子は早めにサポートします。思い浮かばなくて進まない子より，間違ったやり方でどんどん進んでしまう子に要注意です。この子達は，ほうっておくと全く違う方へ進んでしまい，やり直しのきかない状態になってしまいます。めあてに即して活動を行えるように，個別指導で早めに軌道修正しましょう。

❸できる子の指導を忘れない

能力の高い子はほうっておいても勝手にできると思われがちですが，実は困っていることも多いのです。こういう子は，教師が想定した以上の発想をする場合があります。この時，そんなことをしてもよいのか悩んだり，アイディアを実現するための方法がわからなかったりしています。この子が困っていることを見すごすと，諦めてみんなと合わせてしまうことが多く，せっかくのアイディアをなかったことにしてしまいます。素晴らしい発想を埋もれさせないために，能力の高い子にも机間指導で目を配り，困っている素振りがあれば話を聞いてみましょう。

❹声かけで評価を知らせる

声かけで今の状態を子ども達に知らせるのも活動中の大切な教師の役割です。めあてに沿って活動できている子にはそのままでよいことを知らせ，めあてにうまく迫れていない子には，その場で教えていきましょう。何度か子ども達の間を巡って，余裕があれば，活動の記録をつけておきます。

ポイント

活動している間，教師は，個別指導と声かけに動き回らないといけない。

5 活動中の鑑賞で底上げする

❶美術作品の鑑賞は鑑賞のほんの一部

鑑賞というと画家や彫刻家の作品を見て感想を言う美術作品の鑑賞が一番に思い浮かぶかもしれませんが，それは，鑑賞のほんの一部にすぎません。鑑賞の多くを占めるのは，自分や友達の作品を鑑賞することです。

❷友達の作品で成長する

なぜ学級という集団で学習するのでしょうか。それは，友達から刺激を受けるためです。自分では思いつかないような発想や美しい形を作り出す技能を目にして，もっと違うアイディアはないかと考えたり，自分もきれいにしようと頑張ったりします。友達の作品のよいところを模倣することで，自分の作品がよい方へ変わっていきます。

そのため，友達の作品の鑑賞は，完成した後だけでなく，制作途中に行うのが効果的です。途中なら自分の作品に活かすことができます。活動の中で友達の作品を見て回る時間を設けるとか，参考になりそうな作品を教師が選んで紹介するとか，方法はいろいろありますが，活動中の鑑賞は，クラス全体の底上げにつながります。

ポイント

友達の作品の鑑賞は全体のレベルアップになる。

6 片づけに指導力が表れる

❶片づけの指導のコツ

片づけは，教師の力量が表れやすい場面ですので，しっかりと指導できるようにしたいものです。

片づけの指導のコツは，「一斉に片づけ始めること」「残り時間を表示すること」「早い班をほめること」の三つです。

❷一斉に片づけ始めること

もう少し続きがしたいからと，片づけを人任せにして作り続ける子がいます。少人数だからと黙認していると，そんな子がどんどん増えて，片づけがなかなかできないクラスになっていきます。遊んでしまう子も作り続ける子も片づけをしない点では同じです。

できた子から片づけるのもよくありません。そうしていると，集中力の続かない子が早々に片づけるようになります。

混雑を避けるために時間差で片づけるのはよいのですが，あまりに早くから片づけ始めさせないようにします。

では，どうするのか。待たせます。静かに待っているように言って下さい。じっと待っているぐらいなら，もう少し工夫しよう，汚くなったところを直そうと考えて，また活動に戻る子も出てきます。

早くできるのがよい訳ではないことを，片づけのシステムとして体感させることができます。

❸残り時間を表示すること

片づけの残り時間を表示しておくと，先生が何も言わなくても子ども達は時間内に片づけてくれるようになります。最近は教室に大型テレビとパソコンやタブレットが常備されるところも多くなりました。画面いっぱいに残り時間を表示するカウントダウンタイマーアプリも無料で手に入ります。大型テレビを使えない場合は，残り時間を1分刻みぐらいで板書したり，日めくりのように使う掲示物を自作したりしてもよいでしょう。

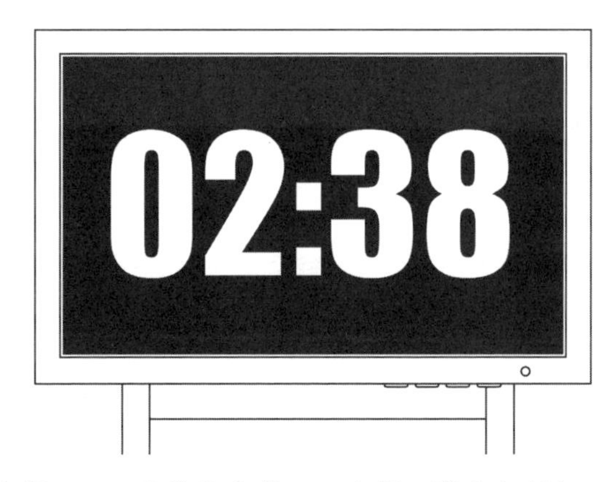

教室にキッチンタイマーを置いている先生も多いですが，残念ながら，表示が小さすぎて残り時間を知らせるのには向きません。

❹早い班をほめること

活動は早い方がよい訳ではありませんが，準備や片づけは手早くできる方が，時間を有効に使えます。全体の準備や片づけのペースアップを図るためには，早くできている班をほめることです。

遅い子をそのままにしていては，班としては早く片づきませんから，当然助け合うようにもなります。ただし早いほどよいと言っても，競争して危険な状態になったり，片づけがいい加減になったりしてはいけないのは言うまでもありません。

❺片づけは指導することが満載

使う材料・用具が多い図工では，片づけは，指導しないといけないことが山積みです。材料は分別させ，用具が汚れていたらきれいにさせ，向きや形をそろえて次に使いやすい状態にしなければなりません。注意すべき点がたくさんある時は，活動が終わった時点で，片づける前にしっかりと指導しておきましょう。

時間が少ないと片づけがいい加減になってしまいますので，十分時間を確保することが大切です。

ポイント

片づけまできちんとできるように習慣づける。

7 振り返りからめあての良し悪しを知る

❶題材の終わりには振り返りと作品鑑賞を

授業の終わりや題材の最後にめあてと照らし合わせて，自分の活動がそれに迫ることができたかどうかを振り返らせましょう。特に作品の完成時には，十分時間をとって行いたいものです。書かせたものを読むと，活動の中ではわからなかった子どもの想いにふれることができます。

❷振り返りと自分の作品の鑑賞

振り返りをすることは，自分を知ることにつながります。自分はめあてに迫れたか，おもしろい工夫はできたか，アプローチの仕方は正しかったのか，これまでの活動を振り返りながら自らの作品を鑑賞することで，自身のよかったこと・悪かったことが見えてきます。

テストは受けるだけではあまり意味がありません。テストが採点されて，それを自分が見直して初めてテストを受けた価値が出てきます。同様に，作品を作るだけでは不十分で，その作品を通して自分の状態を知ることで，自分の能力を高めていくことができます。

❸振り返りを通してめあてを見つめ直す

子どもの振り返りの中に「難しかったけど，うまくできてよかった」という言葉を見つけることがあります。難しかったということは，めあてが挑戦しがいのある目標であった証拠です。うまくできたのですから，頑張ってめあてを達成したのでしょう。子どもの振り返りの言葉から，めあての良し悪しもある程度わかってきます。

このようにめあてに始まってめあてに終わるような授業の流れを基本にしていると，教師にとっては，教える内容が明確になり，子どもにとっては，どんなことを頑張ればよいのかつかみやすくなります。

めあてを大切にして，子どもも教師もステップアップしていけるような図工の授業を目指しましょう。

まとめ

- 「導入」で発想や技能が高まるよう工夫する
- 「めあて」は必ず板書する
- 「活動」中は机間巡視で，個別指導と声かけを行う
- 「鑑賞」で全体を高める
- 片づけまでしっかり指導する
- めあてに始まってめあてに終わる授業の流れを基本とする

Column

魚の頭はなぜ左向き

魚の絵は，ほとんどが頭を左に向けて描かれますが，これはどうしてでしょう。

その理由は利き手にあります。鉛筆を持つ時，紙に対して垂直になっている訳ではなく，右利きの人は右へ倒れています。

右に倒れた鉛筆を右に動かすと，浅い角度で紙の上をすべるように動かすことができますが，逆は紙を押すような形になり動かしにくいのです。

つまり，右利きにとっては，左から右に鉛筆を動かせる頭が左向きの魚が描きやすくなります。

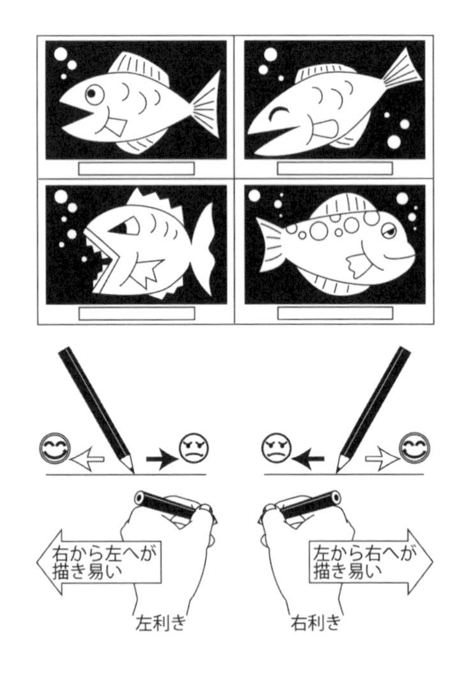

左利きの子が左向きの魚を描いていたら，動かしにくい向きに鉛筆を動かしていることになります。もしかしたら，見本や友達の絵を見てそう描かないといけないと思っているのかもしれません。鉛筆だけではなく，絵の具やカッターナイフなども右利き，左利きによってやりやすい向きが違ってきますので，用具を置く場所や描いたり切ったりする方向など，適宜声かけをして，自然な動きができるようにしていきたいものです。

2章

これで怖くない！

不安解消
用具指導のポイント

絵の具

絵の具は，低学年から高学年までを通して，最もよく使われる用具です。教師が使い方をしっかり知っておかないと，せっかく身につけていた基本が崩れてしまったり，間違えたまま使い続けたりしてしまうことになります。ここでは，自信をもって教えていただくために絵の具の使い方を詳しく説明します。

1 絵の具セットの使い方

❶用具に指定席を与えよう

色を塗る時は，「①筆を洗う→②雑巾で余分な水気をとる→③パレットで筆に絵の具をつける→④紙に塗る」という一連の動作を行いますが，これを時計まわりに行えるように用具を配置したのが，右の図です。

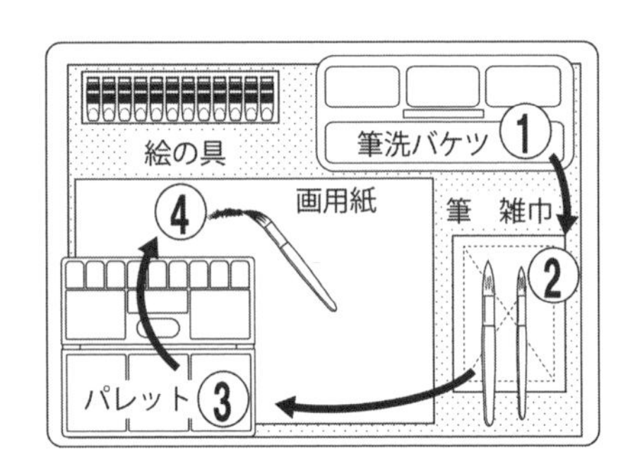

画用紙や机の大きさによって絵の具や筆洗バケツの位置や向きを変えることもあるでしょうが，自然な動線になるように，用具の配置を考えて，それを身につけさせましょう（図は右利き用のものです。左利きなら左右が逆になります）。

❷筆洗バケツは同じ場所で洗う

筆洗バケツの水は，各部屋に半分程度入れます。そして，筆を洗う時には，必ず同じ場所，通常は一番大きな部屋で洗います。汚れてきたら他の部屋を使いますが，まずは大きな部屋で洗います。

もし，色ごとに違う部屋で洗うと，4色ほどで全ての水を汚してしまい，水をかえないといけなくなります。

この方法だと2時間続きの授業でも水をかえる必要はありません。

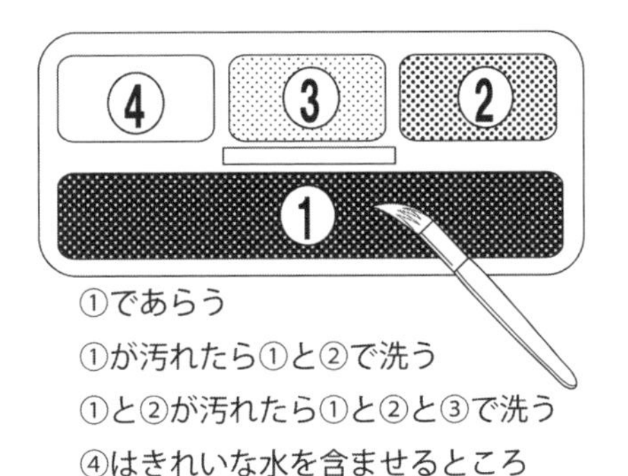

①であらう
①が汚れたら①と②で洗う
①と②が汚れたら①と②と③で洗う
④はきれいな水を含ませるところ

❸雑巾の役割はとても大切

絵の具と水の量の調節がうまくできないときれいに塗れません。この水加減で大切な役割を担っているのが雑巾です（スポンジはあまり水を吸わないので適しません）。

筆を洗った際の余分な水分は雑巾でとりましょう。反対に乾いた筆もよくありません。筆は内側に水を含んでいて，外側の水分は雑巾によってとられた状態が，扱いやすい状態です。

ちなみに，パレットは乾いていないと水加減がとても難しくなります。ですので，パレットはなるべく授業の途中で洗わないようにします。

ポイント

水加減のコツ：筆は湿っている，パレットは乾いている。

❹パレットの使い方

パレットは小部屋に絵の具を出して，それを大部屋に運び，水加減を整えたり混色したりして塗ります。この時，絵の具を広げすぎないようにします。ある程度かたまりで残っていてかまいません。グルグルかき混ぜるより，トントンと軽く押さえるようにする方が，広がりすぎずよいでしょう。

混色の際に大切なのは，一生懸命混ぜないことです。二つの色を足したのに，パレットには1色しかないのは，「1＋1＝1」の混色です。グルグルかき混ぜないで，一つの色がもう一つの色に近づいていくように，「出会わせる」と両側にはもとの色である２色が残っています。そして出会ったところに新しい色ができて，「１＋１＝３」になっています。右の色寄りの場所，左の色寄りの場所で，次々に新しい色が見つかって「１＋１」が４にも５にもなります。

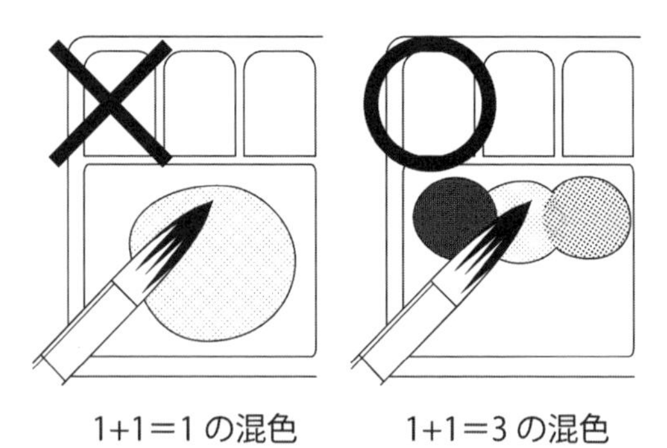
1+1=1 の混色　1+1=3 の混色

さらに，大部屋に出す色を増やすと，色の組み合わせは大幅に増えます。ただし，いつも２色の出会いで考えましょう。多くの色をグルグル混ぜると結局「１＋１＋１＋１＝１」ということになります。

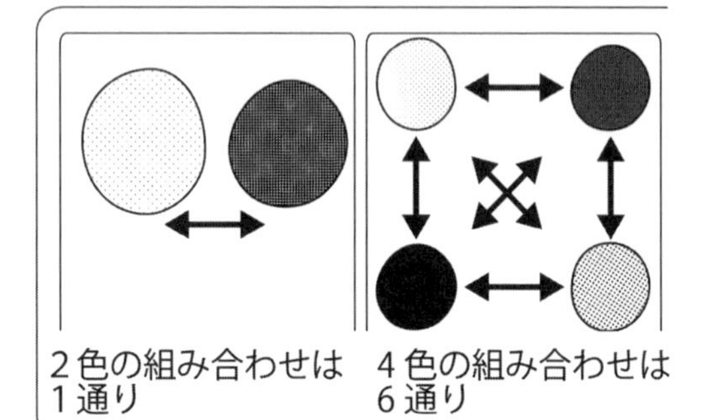
２色の組み合わせは１通り　４色の組み合わせは６通り

2 基本をふまえて柔軟に

❶無理はさせない

学習指導要領では，個人の水彩絵の具は３年生からの扱いになっていますが，実際には１年生から絵の具セットを購入する学校も多いようです。先に説明した混色の仕方などは，３年生以上を想定していますので，低学年に同じことを要求するのは好ましくないでしょう。無理をさせず，しかも，３年生につながるような絵の具指導を工夫する必要があります。

一例として，色は原色での塗りに限定するという方法があります。もちろん，用具の使い方はしっかり習得させます。やむをえず混色する場合，低学年には難しいので「1＋1＝1」の方法でよいと思いますが，すればするほどグルグル混ぜの癖がつきますから，あまりさせすぎないようにしましょう。

❷基本はあくまで基本

基本はいつも守らないといけない訳ではありません。場合によっては，パレットの広い部屋に絵の具をいきなり出してもよいし，色水を溜めたプールのようにして使ってもよいでしょう。基本はあくまで基本。表現したいことによって，用具の使い方にもバリエーションをもたせればよいと思います。

❸絵の具の色について考える

子ども達が持っている絵の具の色には偏りがあります。12色セットの白と黒を除く10色の関係を円上の距離で表した図をご覧下さい。赤から青と紺にかけて広くあいているのがわかります。これでは，持っている色自体のバランスが悪いので，紫を追加で購入させるか，教師が貸すと，混色しやすくなります（図で２色が接しているものは，明るさが違うだけで，色としては同一です）。

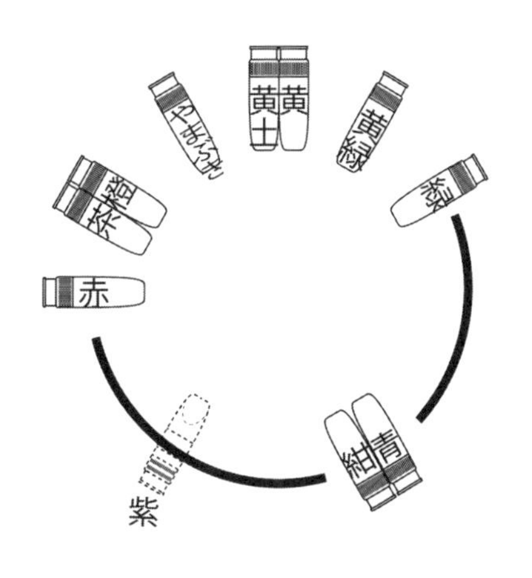

まとめ

- ●動線を考えて用具を置く
- ●途中で水をかえたりパレットを洗ったりしない
- ●１＋１＝３の混色をする
- ●基本を知った上で，柔軟に対応する

カッターナイフ

カッターナイフで，スパッときれいに切れると気持ちがよいものです。怪我が心配だという先生もいらっしゃるでしょうが，教えておかないとかえって危険です。ぜひ，子ども達に安全な使い方を身につけさせてください。

1 カッターナイフの使い方

❶寝かせ気味にして肘から引く

カッターナイフは，必ずカッターマットとセットで使います。刃は，折れ目一つ分が完全に外に出ているぐらいが扱いやすいでしょう。鉛筆を握るよりも指を伸ばし気味にして，刃先が紙に対して30度程度になるように持ちます。

この時，カッターナイフが左右どちらかに倒れないように気をつけましょう。真上から見て，刃が一本の線のように見えるか確認させるとよいでしょう。

準備ができたら，カッターナイフと指を固定したまま，肘を後ろに引くようにして切ります。この時，紙を押さえている手を切らないように，刃の進む位置に置かないようにします。

鉛筆を動かすようにカッターナイフを指で前後させて切ろうとすると切れませんから，そういう子を見つけたら個別指導をして下さい。指を動かさないようにして，腕ごと引くようにさせましょう。

❷どうしてもうまく切れない子

個別指導をしてもどうしてもうまく切れない子がいます。鉛筆を強く握りまっすぐに立てて字を書く子にその傾向がみられます。こういった子は，指をうまく使えないので，低学年のうちに鉛筆の持ち方を指導すると同時に，手押し車のような手を使った体育での運動も含めて改善していかなければ，難しいでしょう。

このような子にカッターナイフを浅く持たせることは難しいので，上から「握り持ち」で持たせてみましょう。こうすることで，自然とカッターナイフが寝かせられ角度が浅くなりますので，切りやすくなります。

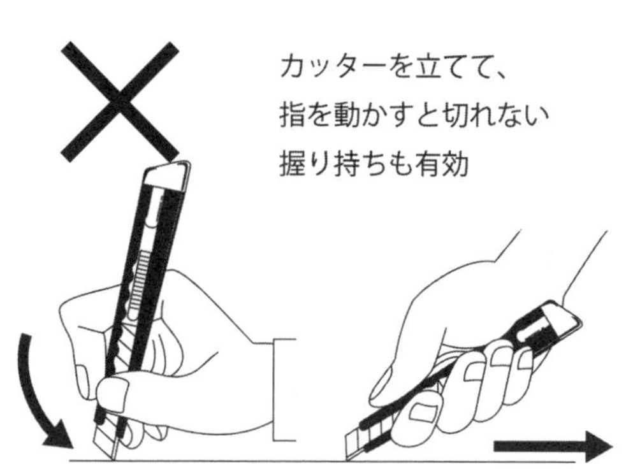

ポイント

カッターナイフは角度を保ったまま，肘を引いて切る。指を伸ばして持てない子には，握り持ちをさせよう。

❸切りやすい方向と切りにくい方向

斜め方向に切るには，紙を回して常にまっすぐ引いて切る方法と，腕を左右に振って切る方法の二つがあります。腕を振る時，肘が体から離れる方向には振りやすいですが，近づく方向には体がじゃまになって振りにくく，同じ角度

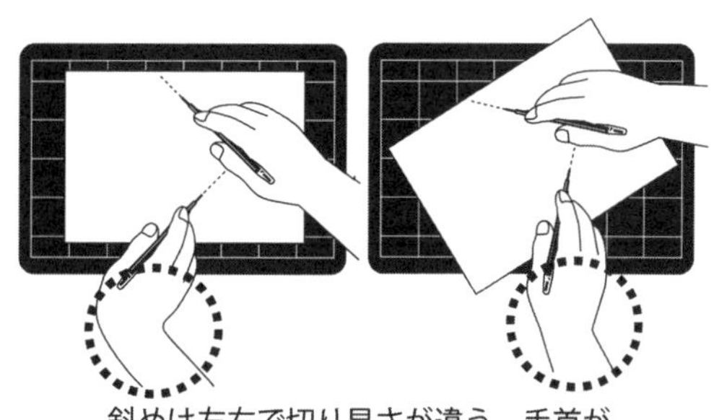

の斜め線でも，左右で切りやすさが違います。さらに，手首を内側に曲げすぎるとカッターナイフが持ちにくくなります。このような時は，紙を少し斜めにして，内側に向かう時の角度をゆるやかにすると，切りやすくなります。同様に，カッターナイフは体の正面で切るよりは，利き手側に寄せて使うようにすると扱いやすくなります。

四角やコの字型に切る場合も，利き腕によって切りやすい方向とそうでない方向がありますので，切る向きを意識させましょう。S字カーブや円は，カッターナイフを少し横に倒して手首をひねるようにして切りますが，急なカーブは紙を回しながらでないと切ることができません。

2 カッターナイフの管理

❶切れ味を維持するには刃を折る

カッターナイフの刃の切れ味は，それほど長くもちません。ガーゼやスポンジのようにやわらかいものを切ってみるとよくわかりますが，1枚目はスパッと切れても，数枚切ると引っかかるようになります。

そこで，授業で使う場合も，刃を折らせた方が切れ味を保つことができます。私は，一斉指導で全員に刃を折る体験をさせて，それ以降は，切りにくいと思ったら自分で刃を折るようにさせています。ただし，刃は悪くないのにうまく切れない子がどんどん刃を折っていかないように，その時間の学習で折る上限を決めています。切る素材にもよりますが，通常は1回折れば十分でしょう。

❷刃の折り方

カッターナイフの刃は，ペンチなどに挟んで，刃の折り目を広げる側に曲げると簡単に折れます。子どもに折らせる場合もペンチをいくつか用意しておけば，折った刃にさわらずに処理ができて安全だと思います。

クリップに刃折り用の溝があれば，それを使って刃を折ることもできます。

コツは溝に刃をしっかりさし込んで，刃の折り目にクリップの端をしっかり合わせることです。折る時は，刃が飛び出さないように，裏返して下向きに力を加えましょう。

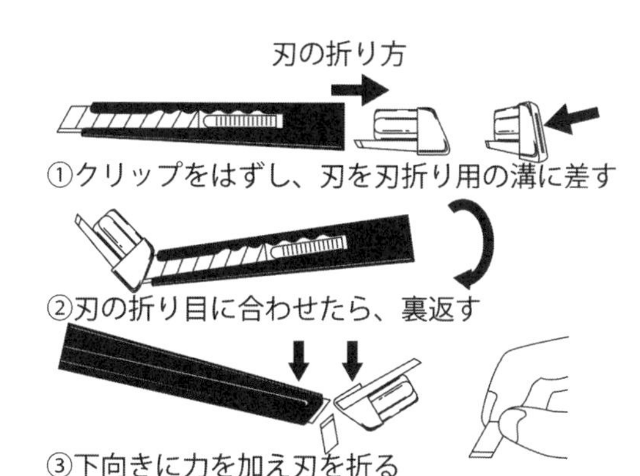

溝を使って折った場合は，折った刃を手に持つ必要も出てきます。切れる部分を持たないように指導しておきましょう。折った刃は，蓋のある瓶などに入れるようにすると捨てる際も安全です。

❸管理をしっかりと

カッターナイフは，低学年の子どもが扱える用具ですが，刃物にはかわりありません。管理には十分注意して，授業の初めと終わりに数をきちんと確認し，紛失や持ち出しがないように気を配ってください。

数は，通常１クラス分がそろっていれば十分ですが，不足しているからといって，個人に持ってこさせるのはおすすめしません。思わぬトラブルに発展しかねません。カッターナイフは安価で，利用頻度も高い用具ですので，ぜひ学校で必要数をそろえて下さい。

まとめ

●指を伸ばして寝かせ気味にして持ち，肘を引いて切る
●切りやすい方向と切りにくい方向が利き手によって違う
●カッターナイフは頻繁に刃を折って使う
●授業の初めと終わりに数を確認する

彫刻刀

彫刻刀は，その種類と特徴を知り，自分の表したいものに合わせて使い分けるととてもおもしろい表現ができます。ここでは，彫刻刀の使い方と手入れの方法を詳しく説明していきます。

1 彫刻刀の使い方

❶彫刻刀の種類

彫刻刀は通常，三角刀１本，丸刀２本，平刀１本，印刀１本の４種類５本がセットにされています。

彫刻刀の種類と彫りあと

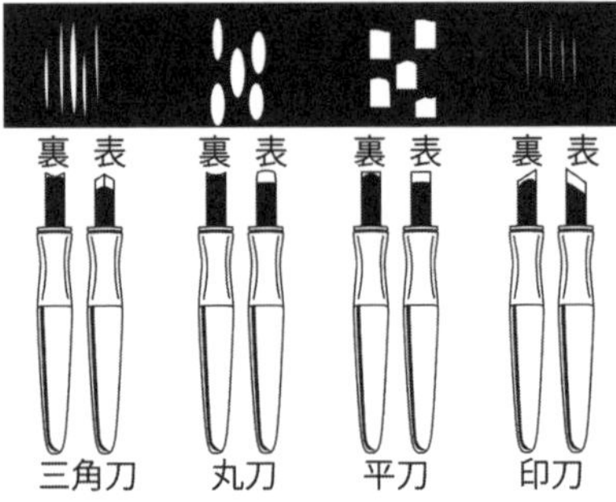

彫刻刀は，片側を研いで刃にした片刃の刃物ですので，刃には表と裏があります。刃先が斜めになっている方が「刃表」，平らな方が「刃裏」になります。印刀以外は，刃裏を上に向けて使います。三角刀，丸刀を上下逆に持つことは少ないですが，平刀はよく間違えますので気をつけましょう。

❷彫刻刀の持ち方

彫刻刀はカッターナイフよりさらに寝かせて使います。指を伸ばして，親指と人さし指のつけ根に柄を当てて持ちます。グリップのあいている部分に，もう一方の人さし指と中指を添えます。

彫刻刀を使う時は，上部にハの字の隙間のある作業板という板を机の手前に引っかけて使います。版木を前から押さえることは大変危険ですので，必ず作業板で固定するようにしましょう。上部の隙間に版木を当てることで，45度ずつ回転させることができます。

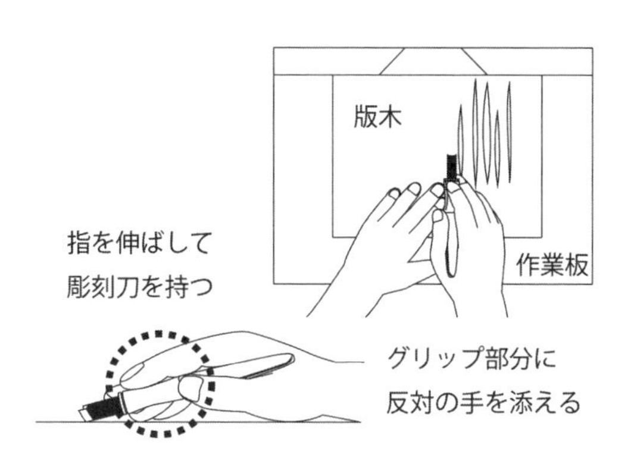

作業板がない場合はホームセンターで手に入るノンスリップシートをハガキぐらいの大きさに切って，机と版木の間に入れて使うとよいでしょう。

❸彫り方

初めはできるだけ寝かせて，刃を板の上ですべらせてみて下さい。その状態から徐々に起こしていくと，コツンと板に引っかかる時があります。そのまま，前にすべらせるときれいに彫れます。

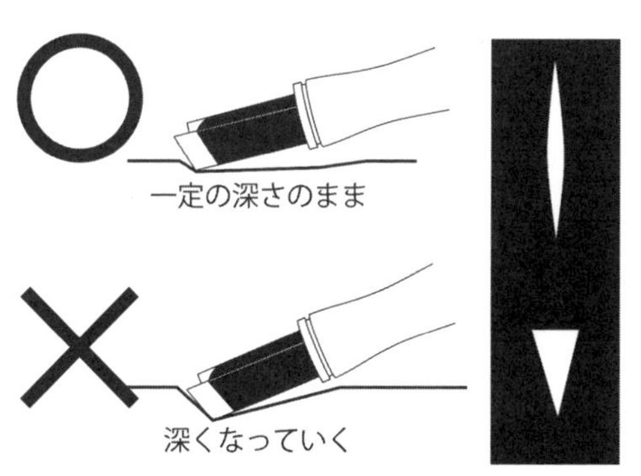

三角刀の彫りあとは，上下が細くなった形になりますが，逆三角形になる子がいます。これは，深く彫りすぎている状態です。彫刻刀の寝かせ方が足りないので，指を伸ばして浅く彫るように指導しましょう。

丸刀，平刀も同じようにして彫ります。平刀は平らなところをいきなり彫るよりは，一度三角刀や丸刀を使った上を彫る方が彫りやすいでしょう。また，木の木目の影響も強く受けますので，彫りにくいと思ったら，向きを変えてみて下さい。

❹印刀を使おう

印刀は他の刀と違う持ち方をします。まず鉛筆を立てて持つようにして支えます。柄を90度よりさらに向こう側に倒して下さい。この状態で刃の背にあたる部分を親指で押して前へ進めます。刃の厚み分の溝しかつかないので，板に傷をつけている感覚です。

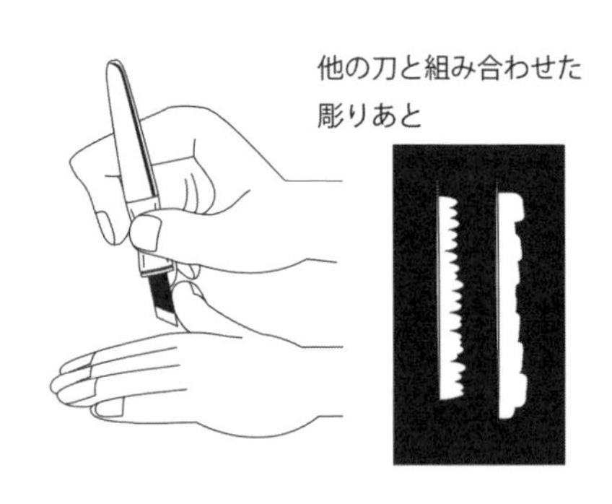
他の刀と組み合わせた彫りあと

印刀だけでは彫っている感じがしないのですが，他の刀と組み合わせることで，真価がわかります。印刀で彫った線に向かって，丸刀や平刀を使うと，できている溝のおかげで，きれいな境目ができます。線を美しく表現したい時に使いたい彫刻刀です。

❺刀を使い分けよう

1本の彫刻刀だけでは，決まった彫りあとしかできませんので，彫る部分によって刀を使い分けましょう。

表したいものや大きさによって刀を使い分けて彫っていきます。

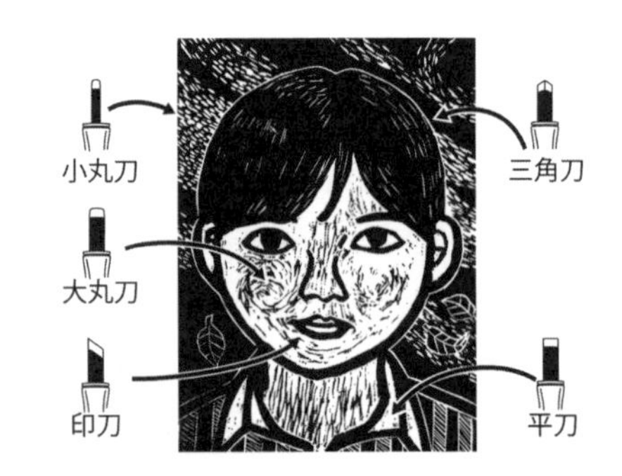

2 彫刻刀の管理

❶刃物は研ぐことで切れ味が持続する

彫刻刀の刃もしばらく使っていると切れ味が鈍ってきます。切れ味を保つためには，研ぐしか方法はありません。と言っても難しいことではないので，安心して下さい。ただし，電動刃物研ぎ機が必要です。図のような機械が図工室になければ，購入をおすすめします。

砥石部分でうまく研げるようになるには慣れが必要ですが，ほとんどの場合，磨くだけで切れ味が蘇ります。彫刻刀を磨くのには，刃物研ぎ機の布バフを使います。硬いゴムのような幅の広い円盤が布バフです。そのままでは，金属を磨くことができませんので，エメリー棒を押しつけて研磨剤を布バフにつけ，その研磨剤で磨くことになります。

刃物研ぎ機

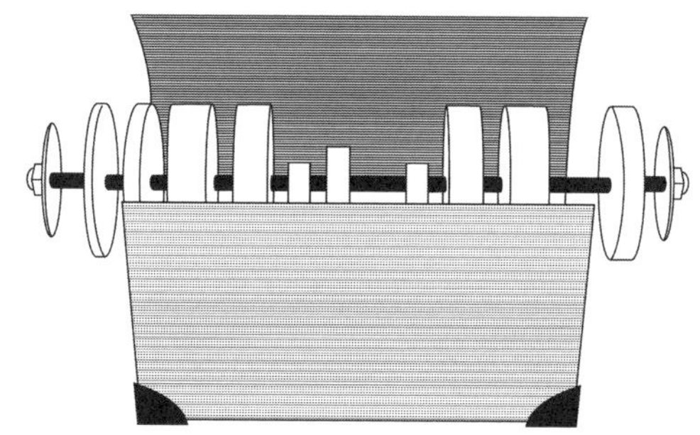

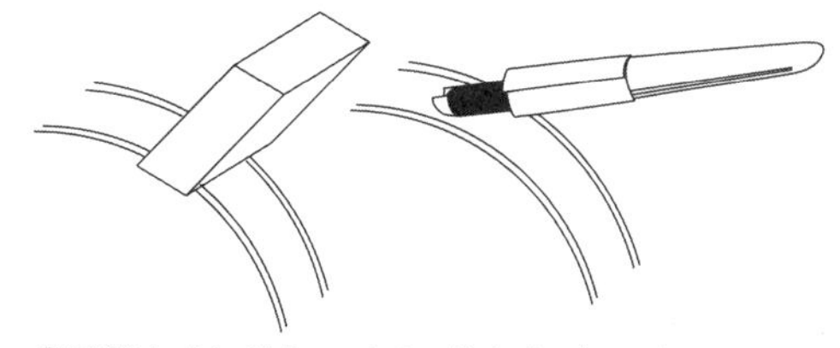

①回転させながらエメリー棒を布バフに押し付ける
②グリップを保護した彫刻刀を角度に気を付けて押し付ける
③フェルトバフで仕上げる

刃の角度に気をつけて，刃の斜めの面がぴったりと布バフにつくように当て，数秒固定します。刃裏も軽く当てておくとよいでしょう。フェルトバフで仕上げます。

彫刻刀のグリップ部分がうっかり回転している布バフに当たってしまうと，グリップが削られてしまいます。グリップに紙を巻いて磨くと安心です。

まとめ

●指を伸ばして持ち，もう一方の手の指を添える
●彫りあとで角度が正しいかわかる
●表現したいものに合わせて刀を使い分ける
●刃物研ぎ機で磨いて切れ味を保つ

電動糸のこぎり

電動糸のこぎりで，工作の幅が大きく広がります。危険な感じがして使用を躊躇される方もいらっしゃいますが，実際にこれで怪我をする子はほとんどいません。高学年ではぜひ活用していただきたい道具です。

1 電動糸のこぎりの使い方

❶事前の安全指導

電動糸のこぎりは怪我の少ない道具ですが，安全のために，使う前に以下の３点は必ず指導しておきましょう。

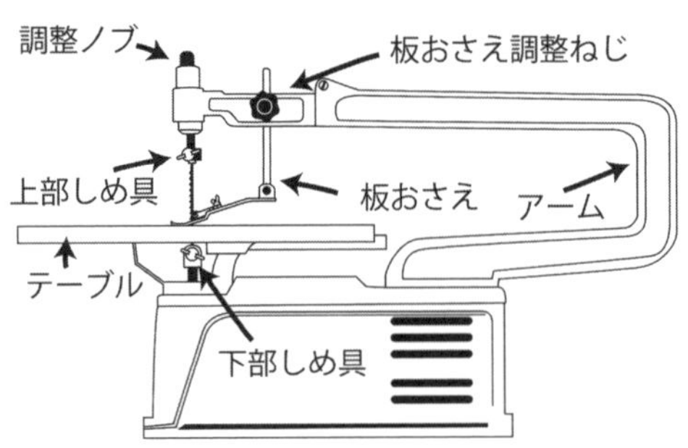

⑴刃をさわる時，そうじをする時，使い終わった時は，電源プラグをコンセントから抜く。
⑵切っている間は，刃から目を離さない。
⑶木くずが目に入るなどの危険があるので，待っている子や見ている子はテーブルに顔を近づけない。

❷指導の順序

電動糸のこぎりの学習の最初に「刃のつけ外し」を教える方がいらっしゃいます。私はこれには反対です。なぜなら，刃のつけ外しは指導することが多くとても難しいからです。

図のように，「切る」だけなら，①板おさえ調整ねじと②板おさえの操作だけですが，「切り抜く」には，①②に加え③調整ノブと④上部しめ具が加わります。さらに，「刃を外す」ためには，①②③④に加え⑤下部しめ具を操作しなければなりません。いきなり難しいことをして混乱させるより，まずは板を切る楽しさを味わわせ，順を追っていろいろなことができるようにしていけばよいと思います。

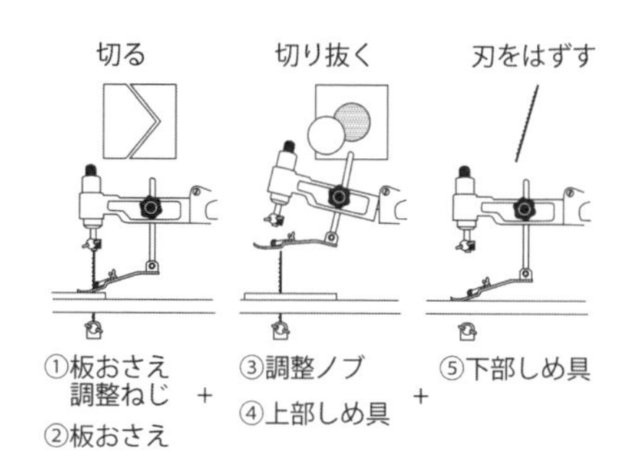

❸正面に立って切る

では，実際に「切る」を説明しましょう。板おさえ調節ねじをゆるめ，板おさえを板の厚みに合わせたら，ねじをしめて準備は完了です。電源プラグをコンセントにさして，刃の正面に立ちます。この刃の正面に立つというのが，とても大切です。板を両手で上から押さえ，スイッチを入れて，板をゆっくり前に押し出して，切っていきます。

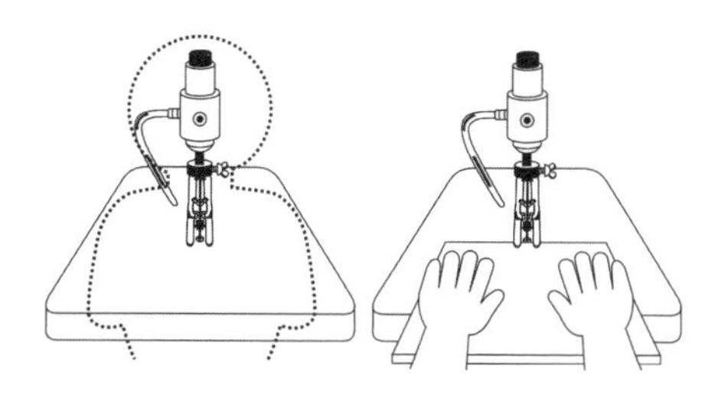

❹まっすぐに押す

刃の正面に立つのが大切なのは，板を刃に対して，まっすぐに押す必要があるからです。電動糸のこぎりで最も大切な技術は，「まっすぐ前に押す」ということです。斜めに切る場合は，板を傾けて，切る線と刃の方向がそろうように調整してから，まっすぐ前に押します。曲線を切る場合は，刃の近くを見るようにします。曲線も短い区間だけを見ると，直線に見えます。今切っている部分の少し先が刃に対してまっすぐになるようにしながら切りましょう。曲線を切る時は，板を回すスピードと押すスピードのバランスが大切です。線から外れてしまうのは，ほとんどが，板を回すスピードに対し押すスピードが速すぎるせいです。線から外れてしまった場合は，外れる前の部分まで戻して，そこから再び切り直しましょう。外れたところから無理やり正しい線に近づけようとすると，斜めに押してしまい，刃を曲げてしまう原因になります。

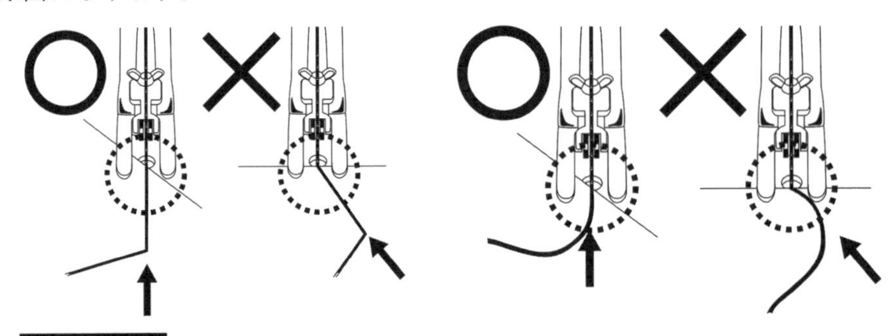

ポイント

電動糸のこぎりは刃に対して板をまっすぐに押す。

❺ダンボールを切る

電動糸のこぎりはダンボールを切る時にも使えます。練習で板のかわりにダンボールを使ってもよいでしょう。もちろん，作品を作ることもできます。ただ，ダンボールは，斜めに押しても切れてしまいますので，本当にまっすぐ押しているかの確認は必要です。切ったダンボールをもとの形につなげてみて，隙間の空き方である程度押し方がわかります。斜めに押してしまうと，ダンボールを破くことになり，隙間が広くなります。また，断面も毛羽立ちます。

押し方と同時に，コーナーなどでの回し方にも注意が必要です。ダンボールを使った場合，刃を止めてダンボールを回してもダンボールの方が破れて回りますが，板の場合は刃を挟んだままねじってしまいます。板を切っていて，板がバタバタと音を立てて跳ねるのは，ほとんどの場合コーナーで刃を止めて板を回し，刃をねじってしまったためです。

2 電動糸のこぎりの管理

❶清掃と注油

電動糸のこぎりをよい状態に保つには，清掃と注油が欠かせません。テーブルの下を中心におがくずがたまりますので，使用のたびに使ったクラスで清掃しましょう。

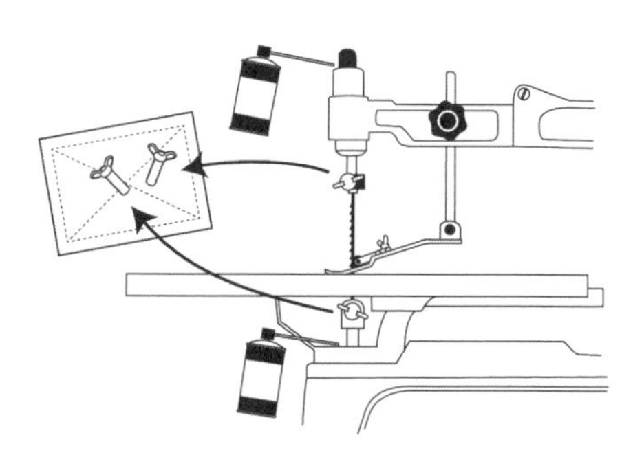

また，その年度で初めて使う場合は，必ず注油をしましょう。夏休みなどで間があいた場合も同様です。図のように調整ノブと下部しめ具の下（注油部分が示されているものはそこから）に高粘度の潤滑油を入れます。あわせて，しめ具の蝶ねじの部分が汚れているとねじがしめにくくなりますので，時々外して，汚れを拭き取り，潤滑油をつけておきましょう。ちなみに，刃を止める上下のしめ具はペンチを使ってしめてはいけません。強くしめないと刃が止まらない場合は，異物が入り込んでいることが多いので，まず清掃してみましょう。

まとめ

- ●電動糸のこぎりは怪我の少ない道具
- ●刃のつけ外しは最初に教えない
- ●電動糸のこぎりで最も大切なことはまっすぐ押すこと
- ●清掃と注油で機械を良好な状態に

はさみ　のり　ボンド

はさみやのりについては，就学前から使用経験があり，教えなくてもほとんどの子が使えます。しかし，使えても使えなくても大切なことはしっかり指導しておく必要があります。使えることに安心して指導もれがないように，ここでは，はさみとのりとボンドを取り上げてみます。

1　はさみの指導

❶刃物の入門として

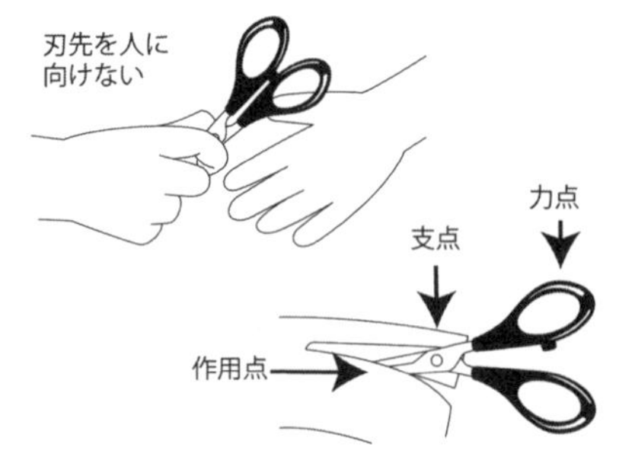

はさみは最初に手にする刃物です。そこで，はさみの安全指導を徹底したいものです。特にはさみを手渡す時に刃先を相手に向けないことは，基本中の基本ですので，きちんと指導しましょう。

低学年でこれを身につけておくとカッターナイフや彫刻刀，小刀，のこぎり，きりなどが安全に手渡せます。

❷奥で切る

はさみはてこの原理を使った道具ですので，支点から作用点が遠ざかるほど切りにくくなります。つまり，はさみの先は，とても使いづらい部分と言えます。そこで，切る場合は，はさみの奥から中間部分までを使い，先端部分が閉じてしまうような使い方をしないようにしましょう。

子ども達には，「チョッキンチョッキン」ではなく「チョキチョキ」と切ると教えるとわかりやすいでしょう。
　切るものが厚くなればなるほど，奥の部分を使います。厚紙は，はさみを大きく開いて，一番奥にさし込み，少し切ったらすぐ開きます。

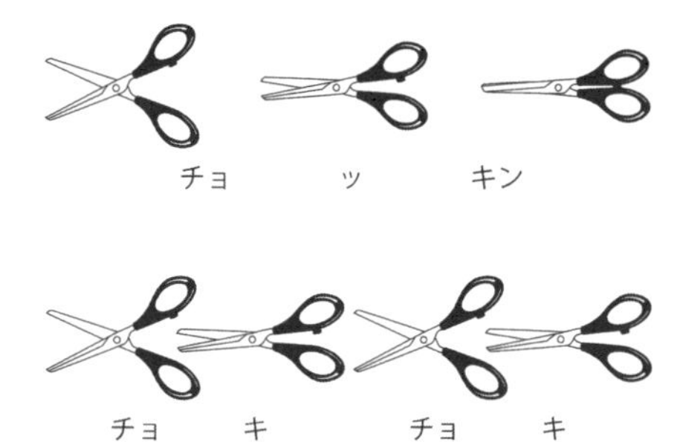

2 のりの指導

❶のりの種類

　でんぷんのりにスティックのり，液状のりというようにのりにもいくつかの種類があります。どれを使ってもよいと思いますが，低学年の間は，でんぷんのりが使われることが多いようです。でんぷんという安全性と塗り広げる指の動きを経験するために選ばれています。また比較的乾きにくく，長時間ふたを開けたままでも硬くならないので，低学年には扱いやすいのりだと言えます。

❷指で伸ばす

　でんぷんのりは，指先かヘラで薄く均一に塗り広げることが大切です。この時，親指や人さし指を使ったのでは，紙を持ったり，貼りつけたりするのが難しくなりますから，中指を使うように指導しましょう。のりを塗るものの下には，汚れてもよい紙を敷き，近くにのりのついた指を拭くタオルを用意しておくとよいでしょう。

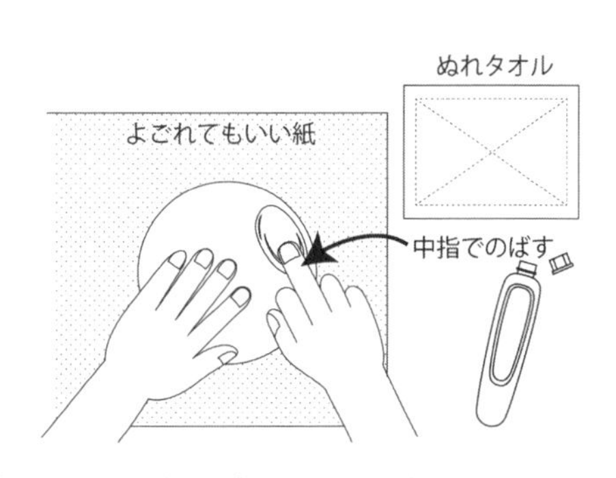

3 ボンドの指導

❶木工用ボンドは利用範囲が広い

図工に木工用ボンドは欠かせません。木工用とついていますが，木だけでなく紙や布などの接着にも使えますし，絵の具と混ぜるとガラスやペットボトルのようなしみ込まない素材にも色が塗れるようになります。また，ボンドで線や点を描き，その上にチョークの粉やカラー砂を振ると，盛り上がった色の線や点ができ上がります。

❷ボンドの先を接着面につける

ボンドを出している時，子ども達の様子をよく見てみましょう。空中で容器を押して，接着面にモコモコとボンドを出してしまう子はいませんか。これでは，ボンドが必要以上に出されて不経済ですし，多くボンドを使えばよくつく訳ではありません。ボンドの先端部分を接着面につけて，薄く出すのが正しい使い方です。（凹凸のある面にわざと多めにボンドをつけて接着する場合はこの限りではありません）

そもそも，接着剤は乾いてくっつきます。ボンドをたくさん出すということは，乾きが遅くなるということですので，接着しにくくしていることになります。のりでもボンドでも，薄く塗って乾きを早くすることで，手早く接着できるようになります。

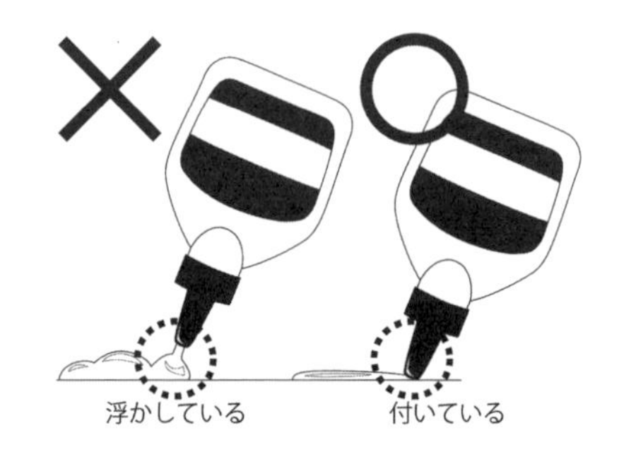

❸その他の接着剤

接着剤は，接着成分とそれを溶かしている溶剤によっていろいろな製品ができ，それぞれの特徴が生まれます。木工用ボンドは，成分「酢酸ビニル樹脂」を溶剤「水」で溶かしている接着剤ですので，乾くまでの間は，水で簡単に洗い流せます。木工用ボンドを水で薄めて，刷毛で塗りやすくするといったことも可能です。

木工用ボンドのように，溶剤が「水」の場合，乾くまでにある程度の時間が必要ですが，溶剤を揮発性の「有機溶剤」にすると，短時間でくっつく接着剤になります。

プラスチックや発泡スチロールなどを接着する場合や，紙を線接着する場合は，有機溶剤系の化学接着剤が適します。ただ，これらの接着剤を子どもに使わせる時に頭の痛い問題は，最後まで使いきらないうちに口が詰まって出なくなることでしょう。これは，キャップをきちんとしめていないことで接着剤が固まってしまうためですが，そもそも，それより先にキャップについた接着剤が固まってしまい，キャップをしめられなくなってしまいます。

実は，キャップをしめるということは，キャップの内側に接着剤を塗っているのと同じことです。そうならないためには，キャップを何度もしめないようにしましょう。使っている間は，乾く前に接着剤が押し出されますから，口が固まることはありません。しばらく使わないタイミングで，口をティッシュなどで拭ってから，キャップをしめれば，接着剤が長持ちします。

まとめ

- はさみはチョキチョキと奥で切る
- のりは中指で伸ばす
- ボンドは接着面に先をつけて薄く出す
- 化学接着剤は使っている途中で何度もキャップをしめない

Column

教師だって上手に描きたい

上手に描きたいというのは，絵にコンプレックスがある方の切実な願いかもしれません。そんな先生のために，絵のコツを二つ紹介しましょう。

●コツその１　描く部分を限定する

一般的に絵の苦手な方は全体を描こうとします。しかし，上手に描くためには，描かない部分を決めて，思いきって省略する必要があります。この省略によって描くものが厳選され，人を引きつける絵になります。

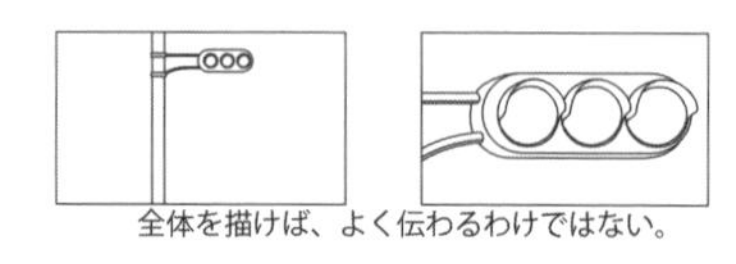
全体を描けば、よく伝わるわけではない。

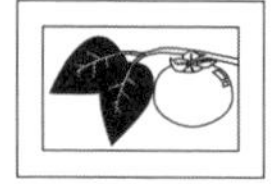
フレームで描く対象を絞ってみる。

描かない部分を見つけるのが難しい場合は，フレームを作って，描く部分を絞ってみるとよいでしょう。

●コツその２　脳をだます

人は簡略化，記号化されたもののイメージをもっています。リンゴというと思い浮かぶ形がありますね。よく見て描こうと思っても，リンゴだとわかった瞬間に，脳はイメージで処理を始め，本来の形や線が見えなくなってしまいます。認識すると見えなくなるなんて変な感じですが，これを防ぐためには，あえてわかりにくくしてみましょう。

写真を上下逆さまにして，それを模写します。こうすることで，普段見慣れない画像になって，形そのものをよく見られるようになります。別の方法としては，見る部分を細分化して，１cm 程度見て１cm 程度描くようにすると，全体を認識しづらくなり，これも効果があります。

3章

不器用でも大丈夫！
楽しい図工授業のつくり方

造形遊びの授業のポイント

1 材料を準備する

❶材料準備の難しさ

造形遊びでは，子ども達がいろいろな方法を試すので，材料がどれだけあれば適量なのかを見極めるのが大変です。

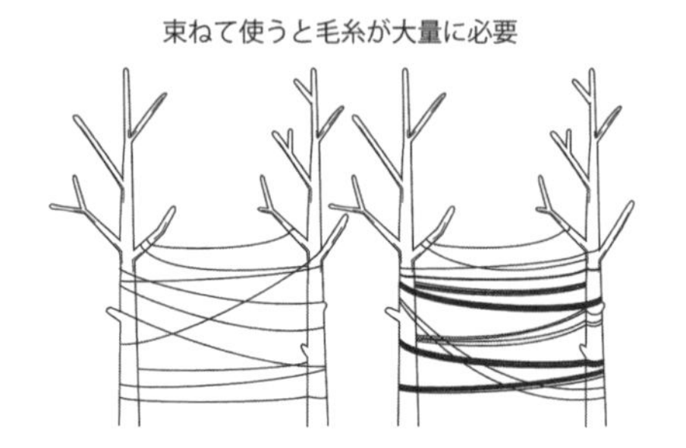

例えば，毛糸を木に巻きつける活動を考えてみましょう。毛糸を１本ずつ使うか束ねて使うかで使用本数が随分変わってしまいます。

❷材料の使い方にルールを設定する

どのような使い方にも対応できるように，材料を豊富に用意できればよいのですが，費用の問題から難しい時もあるでしょう。材料が限られる場合は，何本までは束ねて使ってよいなどのルールを設定することになりますが，ルールが多くなると，活動が限定されますので，兼ね合いが大切です。

2 活動に必要な時間を考える

❶技能不足と時間の超過

予定した時間を過ぎても，子ども達の活動が思ったほど進んでいないことがあります。これは，活動の前提になるような技能が身についていない場合に起こりがちです。先の例では，毛糸を結ぶことができなければ，十分張り巡らせることは難しくなります。

❷材料を加工する活動は要注意

材料を加工して行う活動は，特に注意が必要です。例えば，新聞紙を細い棒状にして，それを立体的な形にする題材などが該当します。実際に子どもに新聞紙を巻かせてみるとすぐにわかりますが，細い棒にするのはなかなか難しく，時間がかかり，思ったほど数が作れないのです。

❸余裕をもった計画を

子どもの技能不足が懸念される場合や材料の加工に時間がかかる場合は，活動の前提となる技能や加工を事前にやっておくのがよいでしょう。

造形遊びは場所を活用することが多いですが，時間が足りなくなった場合，次の機会に持ち越すのは，そこを占有することになり難しいものです。時間に余裕をもった活動計画を立てましょう。

3　題材例について

❶各題材の特徴

「2　光のカーテン」は材料に養生シートを使ったものです。養生シートは安価なので，大きなものを包む活動などで大量に使っても，費用負担の少ない材料です。「3　角棒とビニタイで」は，材料の準備に教師の手のかからない題材です。両者ともに，時間的な調整のできる題材になっていて，１回の授業で十分活動できない場合は，途中のものを容易に保管することができます（題材例では，４時間扱いにしています）。

注：題材例では，紙面の関係上，評価の観点の関心・意欲，鑑賞の項目を割愛させていただきました。

光のカーテン

1　安価な養生シートで光のカーテンを作る

❶題材目標

光を通す素材を使って空間を飾る。

❷対象・指導時間

中学年　４時間

❸主な材料・用具

班で養生シート１×３m程度

マーカー　色セロハン

❹評価の観点

・(想) 光を通すことを意識して，形や色を工夫して飾っている。

・(技) 見え方を考えながら色セロハンの接着やマーカーでの描画を行っている。

❺題材の概要

養生シートを大きな描画用紙として活用する題材である。半透明な養生シートが光をやわらかく通し幻想的な空間を作り出すことができる。２～４時間で行うことができ，４時間の場合は次時までの材料保管も容易である。

❻授業展開（４時間）

時間	児童の活動	指導のポイント
0.5	1　養生シートをどのように飾っていくかを班で話し合う。	・班ごとに何を描くか，色セロハンはどう使うかなどを話し合う。 ・養生シートは，１×３ｍぐらいのものが描きやすく，展示した時に見栄えがよい。机を集めて，その上で描く。机の高さがそろわない場合は，床に広げて描いてもよい。
3	2　マーカーで塗ったり描いたり，色セロハンを貼りつけたりして，養生シートを飾る。	・養生シートに直接マーカーで描いてもよいし，色セロハンをのりで貼ってもよい。絵の具で塗る場合は，絵の具にボンドを混ぜるか，アクリル絵の具を使う。 ・別の日に続きをする場合は，シートを重ねて軽く畳んでおけばよい。
0.5	3　できたものを高い位置から吊り下げて，その間を通って鑑賞する。	・吊り下げている間に，材料や用具の片づけを平行して行う。色セロハンは，使えるものと使えないものに分ける。 ・窓や壁から離して吊り下げる方がやわらかな光を感じることができる。

角棒とビニタイで

1 角棒をビニタイでつないで立体的な造形に

❶題材目標

空間や形を工夫して，角棒を立体的に組み上げていく。

❷対象・指導時間

高学年　４時間

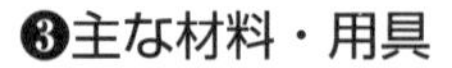

❸主な材料・用具

角棒（0.3×0.3×30cm）を一人30本程度
ビニタイ　（0.4×10cm）を一人30本程度

❹評価の観点

・(想) 自分なりのイメージをもって，空間や形を工夫している。
・(技) ビニタイでの接合を確実に行い，立体的な形にすることができる。

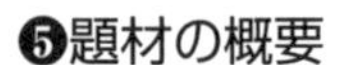

❺題材の概要

角棒をビニタイでとめて，立体的な形にしていく題材である。ビニタイを外せば，もとの状態に戻せるので，試行錯誤しながら作っていける。また，個人で行うので，個々の活動の様子がよくわかる。

❻授業展開（４時間）

時間	児童の活動	指導のポイント
1	1　角棒を30cm 程度に切り，ビニタイを各自に分ける。	・細い角棒なのでのこぎりを使わなくても，ペンチやラジオペンチで十分切断が可能である。 ・30cm の角棒を一人30本配る。足りなければ，追加できるように，予備を確保しておく。
	2　基本的な接合の仕方を知る。	・形をとどめておけるように，接合はある程度しっかり行いたい。全ての箇所で使える訳ではないが，２本そろえてビニタイでとめ，角棒を開くと，簡単に強くしまる。
2	3　角棒をつないで立体的な形をつくる。	・立体にできず困っている子には，三角形や四角形を作り，それをいくつか組み合わせるようアドバイスするとよい。 ・角棒はそのまま使っても，切って使ってもよい。ビニタイ自体を飾りに使うこともできる。
1	4　お互いの形を鑑賞した後，ビニタイを外し，使えるものと使えないものに分ける。	・ビニタイをほどけば，ほとんどのものが再利用可能である。 ・再利用すると，最初の角棒を切る工程を省略できる。細かくなって捨てた分だけ補えばよい。

絵や立体に表す授業のポイント

1 大きさが重要な要素

❶ふさわしい大きさ

絵に表す場合，活動の内容や使う用具によって，ふさわしい大きさがある程度決まってきます。例えば，色をつけない鉛筆画は，大きいと間延びした印象がありますし，逆に，小さく緻密に描いたものは，絵の具での彩色が難しくなります。

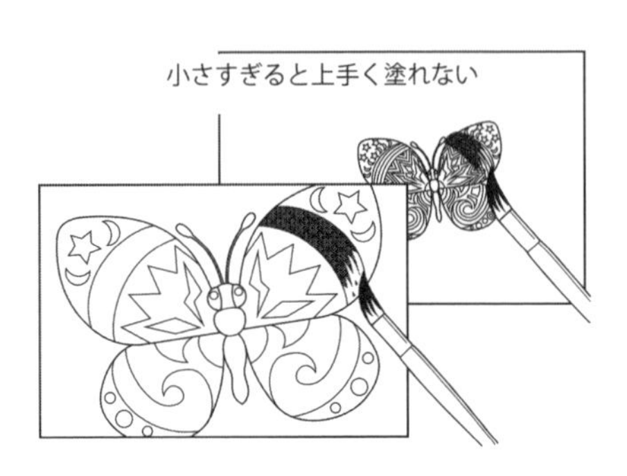

このように絵に表す授業では，大きさが重要な要素ですから，その活動にふさわしい大きさで描けるように手立てを考えたり，指導したりすることが大切です。

❷大きさを意識した手立て

体の小さな子どもは，大人が思っているより四つ切り画用紙をずっと大きく感じます。そこで，描く対象を小分けにして，小さい紙に描くのもよい方法です。それを切って貼り合わせることで，大きな作品にすることができます。

他にも，細かくなりがちな鉛筆での下絵をやめて，筆で線描するとか，指３本分などといった具体的な指示をするなど，大きさを意識した手立てを考えましょう。

2 技能の習得をいつ行うか

❶技能習得の場面を考えておく

作品制作の中で技能もあわせて教えるのか，それとも別に教えるのかは，指導計画にかかわる大切な部分です。

既存の力を少し高めるような場合は作品制作の中で行うことができます。しかし，新たに身につける必要のある技能については，混乱したり中途半端になったりしますので，やはり別に，技能習得の時間を設ける必要があるでしょう。初めて混色をする場合や，初めて彫刻刀を使う場合などが，これにあたります。

別の方法として，技能習得の結果をそのまま作品にしてしまうこともできます。混色しながら，作った色を少しずつ並べて，カラフルな色の線の作品にするなどの活動がそうです。

3 題材例について

❶各題材の特徴

「2　はらぺこ青虫（絵）」は，丸く切った紙を組み合わせることで，形をとりにくい子でも小さくならないで青虫を描ける手立てを取り入れた題材です。「3　カクカクの木・クネクネの木（絵）」は，筆づかいの技能を高める活動の結果がそのまま作品になります。「4　三角の城（絵）」はあえて不安定な三角形の積み上げという条件をつけることで，通常の描き方では出てこない形の城が描けます。「5　墨と模様のアート（絵）」「6　切って削ってくっつけて（立体）」は試しながら表現する題材になっています。

注：題材例では，紙面の関係上，鑑賞活動と評価の観点の関心・意欲，鑑賞の項目を割愛させていただきました。

はらぺこ青虫（絵）

1　カラフルなはらぺこ（青）虫を想像して描く

❶題材目標

色や模様を工夫しながら，虫と周りの様子を想像して描く。

❷対象・指導時間

低学年　６時間

❸主な材料・用具

画用紙　色画用紙　はさみ　ボンド
クレヨン（オイルパステル）　絵の具
ローラー

❹評価の観点

・（想）虫の模様や周りの食べ物を想像して描くものを考えることができる。
・（技）色や模様，形などを工夫して丁寧に描くことができる。

❺題材の概要

エリック・カール氏の絵本『はらぺこあおむし』を読み聞かせ，はらぺこのカラフルな虫を想像して描く題材である。虫の体の中を塗り分けるためには大きさが重要な要素となるので，画用紙を丸く切って頭や体にする。

❻授業展開（6時間）

時間	児童の活動	指導のポイント
1	1　紙を丸く切って頭と体にする。目や口，触角も紙を切って作る。 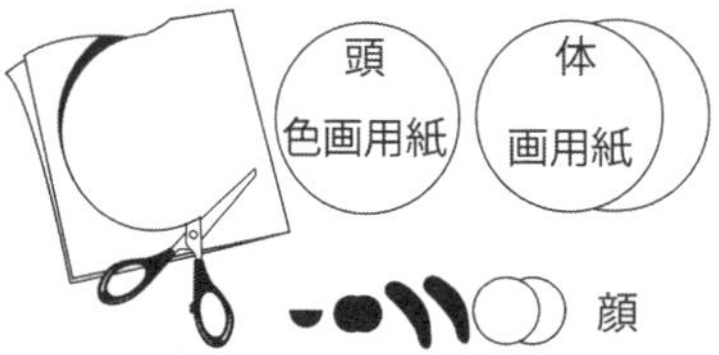 頭 色画用紙　体 画用紙　顔	・画用紙を重ねて，丸く切る。3枚重ねると硬くて切りにくい場合は，分けて切る。 ・期待する大きさより一回り大きい正方形の用紙を用意すると，丸く切りやすい。
2	2　頭に目や口を貼って顔にし，体はクレヨンで塗る。 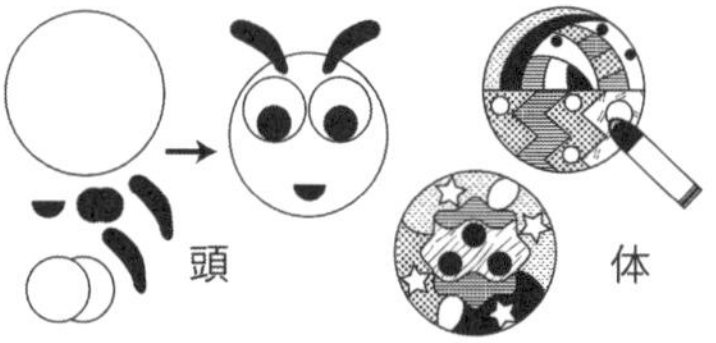 頭　体	・目を二つ貼ると正面を向いた顔になり，目を一つにすると横向きの顔になる。鼻や頬をつけてもよい。 ・形や色を工夫して，隙間ができないように丁寧に塗る。
1	3　ローラーを転がして，画用紙に色をつける。	・画用紙の下に新聞紙を敷き，ローラーを紙の外から転がし始め，紙の外まで転がすとよい。
2	4　虫を画用紙に貼り，周りに食べ物を加える。 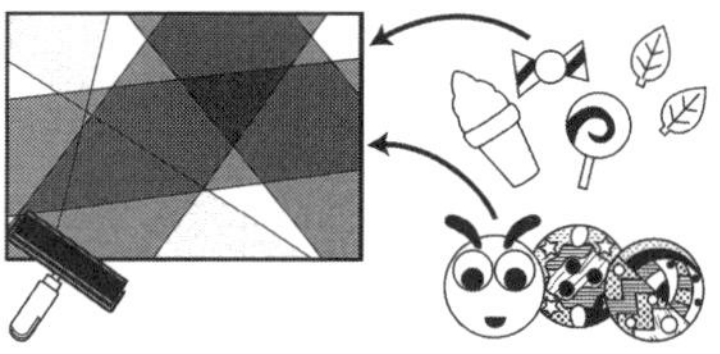	・はらぺこの虫が食べるものを考え，虫の周りに貼ったり，クレヨンで描いたりする。 ・虫の足や毛なども描き足すとおもしろい。

カクカクの木・クネクネの木（絵）

1　カクカクした線，クネクネした線で木を描く

❶題材目標

筆づかいに気をつけながら，直線や曲線でできる形を工夫して，不思議でおもしろい木を描く。

❷対象・指導時間

中学年　5時間

❸主な材料・用具

四つ切り画用紙　墨汁
マーカー　絵の具

❹評価の観点

・(想) 線の形を工夫したり，木の周りの様子を想像したりして表すことができる。
・(技) 筆先をそろえて，美しい線を描くことができる。

❺題材の概要

筆に墨汁をつけて線の形を工夫しながら描き，不思議な木にする題材である。直線で構成されるものをカクカクの木，曲線で構成されるものをクネクネの木と呼んで，どちらかを描いた。

❻授業展開（5時間）

時間	児童の活動	指導のポイント
1	1　スポンジと絵の具で，たたくようにして画用紙全体に色をつける。 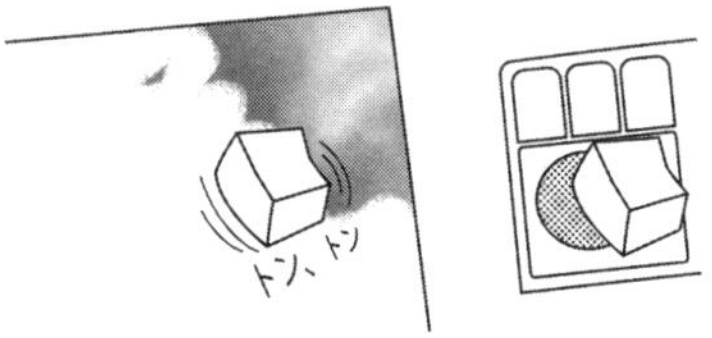	・湿った（水を含ませてから絞った）スポンジで絵の具をとり，たたくようにして色をつける。色を変える場合は，前の色に少し重ねるようにすると，紙の上で混色される。
2	2　真ん中に点を打ち，そこから枝を伸ばすようにして，墨汁で木を描く。 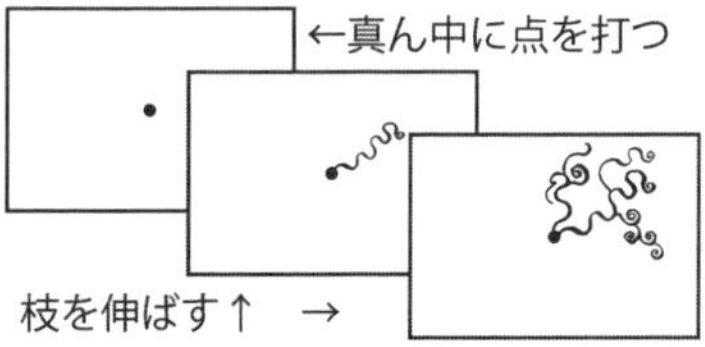 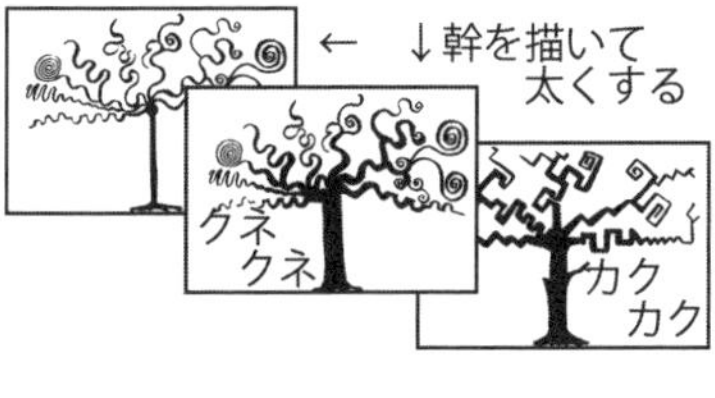	・別の紙に，試しに描いてみて，どちらの木を描くか決める。 ・下描きはせず，枝の形を考えながら，ゆっくりと描く。 ・枝分かれさせながら先まで描いたら，最初の点から次の枝を描く。 ・上半分に枝が描けたら，幹を伸ばし，根を広げ，幹と幹に近い枝を太くする。
2	3　マーカーや絵の具で，木の周りの様子を描く。	・木の周りの様子を考える際，木がどこに生えているのかを想像させると，周りの様子が浮かびやすい。

三角の城（絵）

1 三角形を積んで描く「三角の城」

❶題材目標

三角形の組み合わせと類似色を使って，自分なりの城を絵に表す。

❷対象・指導時間

中学年　8時間

❸主な材料・用具

四つ切り画用紙　マーカー　絵の具

❹評価の観点

・（想）三角形の形や場所を工夫して，自分なりの形の城を描くことができる。
・（技）類似色や白，黒を使い，統一感を感じられるように彩色できる。

❺題材の概要

三角形を積み上げて城を描く題材である。三角形の不安定さから，傾いたりねじれたりするが，それがおもしろい形の城を作り出す。彩色は，統一感を出すために，類似色を使って行う。

❻授業展開（8時間）

時間	児童の活動	指導のポイント
2	1　鉛筆と定規で三角形を積み上げるように描く。 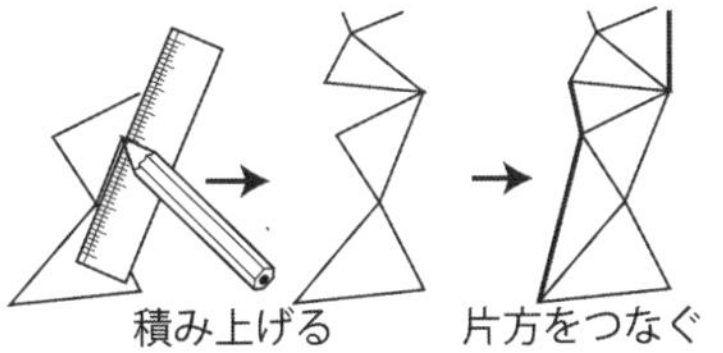 積み上げる　片方をつなぐ	・別の紙で練習してから，画用紙に描く。 ・三角形の頂点と頂点を合わせて，積み上げ，重なっていない左右どちらかの頂点をつないでいく。ベランダや屋根は，線を消して描き足す。
1	2　鉛筆の線を油性マーカーでなぞる。	・マーカーでなぞった後は，鉛筆の線を消しゴムで消す。
1	3　にじみを利用して画用紙全体に色をつける。 	・画用紙を濡らし，多めの水で溶いた絵の具をにじませて，画用紙全体に色をつける。
3	4　類似色を使って城を塗る。 	・隣り合う三角形を同じ色で塗らないように気をつける。類似色で塗る（白や黒を加えて変化を出す）。ベランダや屋根は，類似色にこだわらない。
1	5　マーカーや絵の具で周りの様子を描く。	・城にいる人や動物，植物や風景などを城の周りにつけ加えていく。

墨と模様のアート（絵）

1 ダイナミックな墨と緻密な模様のコラボアート

❶題材目標

用具や技法をためしながら，墨の形や色を工夫して描く。

全体の構図を考え，墨の形や色を活かしながら，模様を描く。

❷対象・指導時間

高学年　９時間

❸主な材料・用具

墨汁　和紙　墨絵用用具

マーカー　絵の具

雲華紙　千代紙

❹評価の観点

・（想）墨の形や模様の位置など全体の構図を考えながら描くことができる。

・（技）表現に適した用具を使い，墨の形や模様を美しく描いている。

❺題材の概要

試しながら表現する墨絵と見通しをもって描いていく線画を組み合わせた題材である。マーカーで描いてもにじみが少ない厚めの和紙を使う必要がある。

❻授業展開（9時間）

時間	児童の活動	指導のポイント
3	1　用具を使い分けながら，墨の表現を試す。	・和紙を多めに用意し，墨での表現をいろいろ試してみる。 ・絵の具の筆に加えて，幅の広い刷毛や，スパッタリング金網，スポイト，ヘラなどの用具を用意しておく。 ・周囲を汚さないよう，墨を飛ばす場合は，大きな箱の中に和紙を入れて行うとよい。 ・薄墨を使うと重なりを表現することができる。
4	2　墨絵に筆ペンやマーカーで模様を加える。	・１枚を選び，それに模様を描いていく。 ・空間を適当な大きさや形に区切り，模様で隙間なく埋めていく。線の太さを変えて変化を出すため，極細のマーカーなど複数の筆記用具を用意する。
1	3　一部に絵の具で色をつける。	・周りに色をつけたり，模様の一部を塗ったりして色を加える。
1	4　雲華紙を台紙にして，上下に千代紙を貼り，作品を鑑賞する。	

切って削ってくっつけて（立体）

1 粘土の塊を切ってつけて，削ってつける

❶題材目標

粘土の塊を切ったり，削ったり，つけたりして，凹凸のある形を表現する。

❷対象・指導時間

中学年　２時間

❸主な材料・用具

土粘土　粘土板

かきベラ　切り糸　霧吹き　タオル　ラップ

❹評価の観点

・(想) 粘土をさわりながら，自分なりのイメージをもち，形を変えていくことができる。

・(技) 粘土を切ったり，削ったり，つけたりしながら，立体的で凹凸のある形にできる。

❺題材の概要

粘土を切る，削るという「形の引き算」と，とったものを別のところにつけるという「形の足し算」を組み合わせて，凹凸のある立体的な形を作っていこうとする題材である。

❻授業展開（2時間）

時間	児童の活動	指導のポイント
0.3	1　土粘土を練ってから，球や円筒，円錐などの形に整える。 粘土板にラップを巻くと後片付けが楽 	・土粘土が硬い場合は，濡れタオルで手を湿らせたり，霧吹きで水気を与えたりする。 ・最初の形は，単純で塊を感じるものにする。 ・ラップを使うと粘土板に土がこびりつくのを防げる。
1.5	2　整えた土粘土を切り糸やかきベラなどを使って，切ったり，削ったりする。 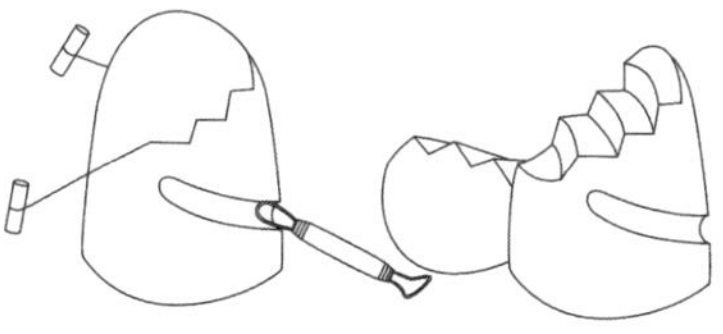	・切り糸をまっすぐ動かすと切り口は平らな面になり，上下や左右に動かしながら切ると，複雑な切り口になる。 ・2と3は独立した活動ではなく，切りながらつけ，つけながら切る。
	3　切ったものをさらに切ったり，形を変えたりして，塊につけていく。 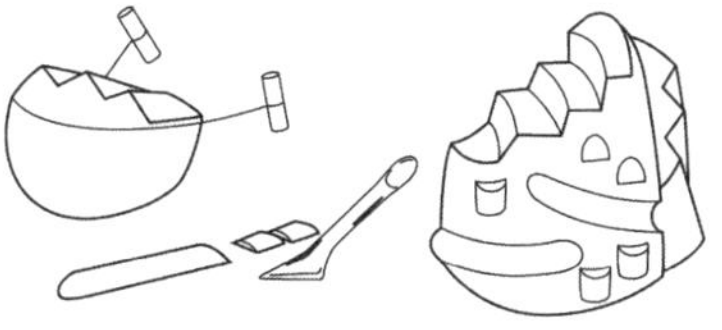	・形が気に入らなかったら，最初の塊に戻してやり直してもよい。 ・本題材では土粘土を焼かないので，接着にドベは不要。また，削る，つけるを楽しむために，落ちない程度についていればよい。
0.2	4　練りながら球状にして，ラップで包んで片づける。	・水気を与え，ラップで包んだ土粘土をゴミ袋などで密閉する。

工作に表す授業のポイント

1 加工と接着，着色を考える

❶形を変える

工作では，ほとんどの場合，材料の形を変えることになります。粘土のように手だけで形が変わるものもあれば，板のようにのこぎりが必要なものもあり，材料によって使う用具が変わってきます。

また，同じ材料であっても，加工の用具を変えることで，できる形や精度が変わります。ダンボールはカッターナイフでもダンボールカッターでも切ることができますが，でき上がりが随分違ってきます。電動糸のこぎりを使えば，さらに細かい加工ができます。用具の特性と材料の特徴を考えて，最適なものをマッチングさせましょう。

❷くっつける

工作では，接着や接合も重要な要素です。くっつけるのに最適なものを選択しなければなりません。また接着剤を使う場合には，それが乾く時間も考える必要があります。化学接着剤を使うと乾燥の時間を短縮できますし，木工用ボンドもホットボンドのように瞬間で接着できるものと併用すると強度と時短を両立できます。簡易な方法としては，テープで仮どめするのもよいでしょう。

❸着色する

凹凸のある立体的なものに色をつけるのは難しいものです。ですから，工作では，着色の方法を考えておく必要があります。板なら，組み立てる前の平らな状態で塗る方が楽ですし，粘土なら最初に色を混ぜ込むという方法もあります。

2 用具を適切に扱える力

❶安全第一に

工作に使う用具には，カッターナイフ，かなづち，のこぎり，きりなどのように，扱い方を誤ると自分や他人を傷つけてしまうものがあります。安全で正しい使い方ができるよう，技能指導をしっかりと行うことが大切です。

絵や立体に表す授業と同様に，新しい用具は，事前に時間を確保して指導するか，用具の扱い方を学習する過程で作品ができるような題材に取り組むとよいでしょう。

3 題材例について

❶各題材の特徴

「2　おしゃれな魚（工作)」と「4　鉄仮面伝説（工作)」は，粘土への絵の具の練り込みやスプレーで着色を行った題材です。「3　夢のお城へようこそ（工作)」は，短時間で乾く化学接着剤を使って紙の線接着を行いやすくしています。「5　形を変えて（工作)」は，技能習得の活動が作品となる題材で，電動糸のこぎりを自在に扱える力を育てることを目指しています。

注：題材例では，紙面の関係上，鑑賞活動と評価の観点の関心・意欲，鑑賞の項目を割愛させていただきました。

おしゃれな魚（工作）

1 魚の形の粘土をどんどんおしゃれに飾る

❶題材目標

紙粘土の形や色を工夫しながら，おしゃれな魚を作る。

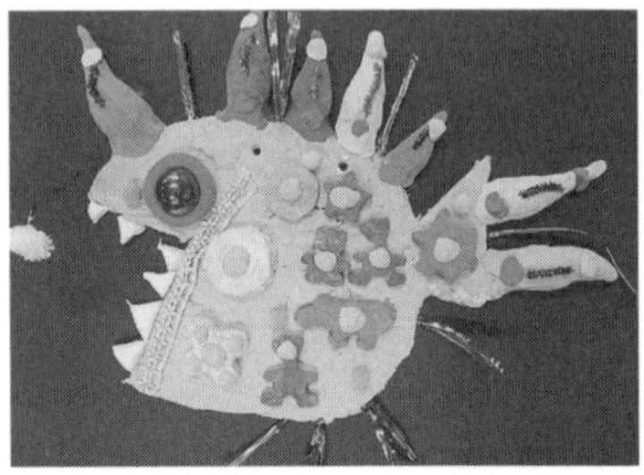

❷対象・指導時間

低学年　６時間

❸主な材料・用具

紙粘土　画用紙　ビーズ　ヘラ
クッキー型

❹評価の観点

・(想) 紙粘土の形や色を工夫しながら，自分なりのおしゃれな魚を作ることができる。
・(技) 紙粘土での形作りで自分の思うような形にできる。

❺題材の概要

色粘土を板状にして，魚の体を作り，それに紙粘土の飾りをつけ加えて，おしゃれな魚をつくる題材である。クッキー型を利用することで，形を作ることが苦手な子も楽しんで飾り作りができる。

❻授業展開（6時間）

時間	児童の活動	指導のポイント
1	1　画用紙に魚の形を描き，切りとる。 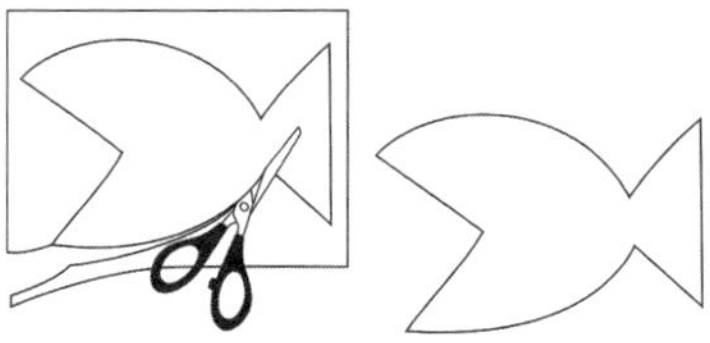	・期待する大きさより少し大きめの画用紙を用意する。 ・紙粘土に絵の具を直接出し，混ぜて色粘土を作る。伸ばしてたたむを繰り返して混ぜる。
1	2　絵の具を練り込んだ紙粘土を広げ，画用紙を型紙にしてヘラで切って魚の体を作る。 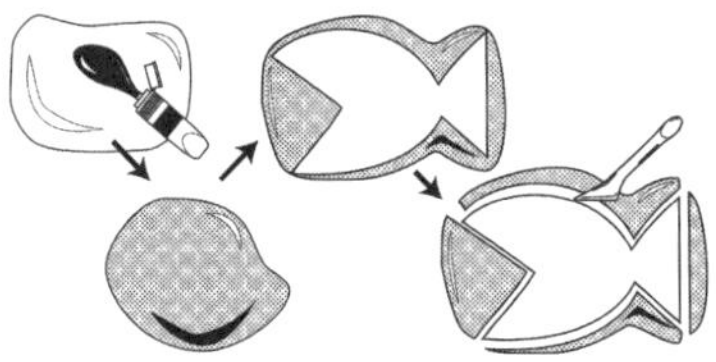	・粘土板に押しつけるようにして，色粘土を広げ，型紙をあてて切る。色粘土が薄いと形が崩れてしまうので，1cm 程度の厚みは保ちたい。広げる際，時々裏返すようにすると，厚さが足りないことがわかりやすい。
3	3　型抜きしたり形を作ったりした紙粘土を体につけていく。 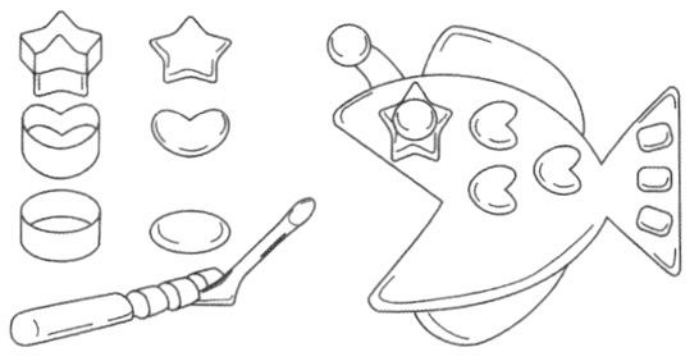	・別の色を混ぜた紙粘土をクッキー型で型抜きしたり，手やヘラを使って形を作ったりして，体につけていく。乾いた紙粘土には，木工用ボンドで接着する。 ・重ねたり体の外側へはみ出させたりするとおもしろい。
1	4　ビーズなどを飾りにつける。	・紙粘土が乾いていなければ，マーカーのキャップなどで凹ませてもよい。

夢のお城へようこそ（工作）

1 カッターナイフで窓をあけ，凹凸のある模様にする

❶題材目標

カッターナイフであける窓の形や向きなどを工夫しながら，マーメイド紙で城を作る。

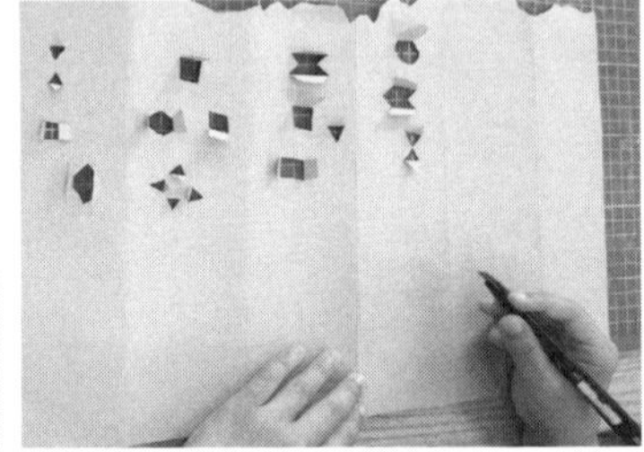

❷対象・指導時間

中学年　８時間

❸主な材料・用具

マーメイド紙八つ切り：２枚　紙帯　台紙用ダンボール
台紙用マーメイド紙　化学接着剤

❹評価の観点

・（想）窓の形や並べ方，紙帯の使い方などを工夫することができる。
・（技）カッターナイフや接着剤を適切に使い，窓をあけたり，紙帯の飾りをつけたりできる。

❺題材の概要

小さな窓をたくさんあけることで，凹凸のある模様にして，城の壁面に変化をつける題材である。低学年で学習したカッターナイフの技能をさらに高めることが期待できる。

❻授業展開（8時間）

時間	児童の活動	指導のポイント
2	1　紙の上部を切り，六つ折りにしカッターナイフで窓をあける。これが塔の部分になる。	・半分に折ったものを三つ折りにすることで，六つ折りになる。 ・折り目の部分にかからないようにして，カッターナイフで切る。窓は切り落とさないで，折ってあける。
2	2　もう1枚は，半分に切ってつなぎ，六つ折りにする。これに紙帯を線接着して飾りつける。これが塀の部分になる。	・紙帯は幅2cm程度のものを教師が用意しておく。 ・飾りは，紙帯を折ったり，巻いたりして，自立する状態にしてから，線接着するとよい。 ・折り目にかからないように気をつけて，紙帯の飾りを貼る。
1	3　台紙に，塔と塀を接着する。	・同じ大きさのマーメイド紙をダンボールに貼り，台紙にする。 ・塔と塀どちらも，閉じた形ではなく，渦巻状になるように底辺のみ接着する。
3	4　紙粘土や紙帯を使って，飾りをつける。	・紙粘土に絵の具を練り込んで飾りを作る。

鉄仮面伝説（工作）

1 金・銀スプレーで金属調に　ダンボールの飾りお面

❶題材目標

ダンボールなどの形を工夫し，重ねたり積み上げたりして立体感のあるお面を作る。

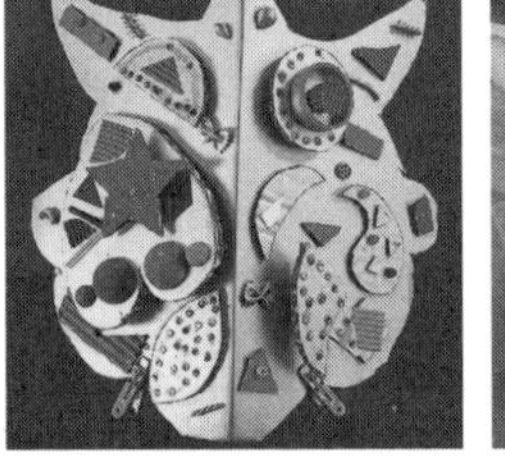

❷対象・指導時間

中学年　８時間

❸主な材料・用具

ダンボール　波ダンボール　飾り材料（洗濯ばさみ，マカロニなど）
金・銀スプレー　アクリル絵の具　ダンボールカッター

❹評価の観点

・（想）ダンボールや材料を工夫して使い立体的なお面を作ろうとしている。
・（技）ダンボールカッターなどの用具を適切に使い，自分のイメージを形にすることができる。

❺題材の概要

ダンボールカッターを使って，ダンボールの板から，お面を作る題材である。ダンボールを重ねたり，柱を作って積み上げたりすることで，立体的な作品ができる。

❻授業展開（8時間）

時間	児童の活動	指導のポイント
2	1　ダンボールカッターでダンボールをお面の形に切り，支えをつける。 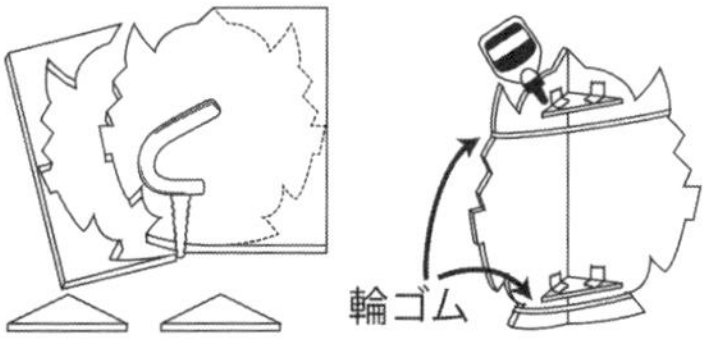	・アイディアスケッチを行い，気に入った形をダンボールに写して切る。 ・裏側から支えをつける。外れやすいので，太い輪ゴムをかけて角度を調節したり仮どめにテープを使ったりして，接着する。
2	2　ダンボールや洗濯ばさみなどの部品をつける。 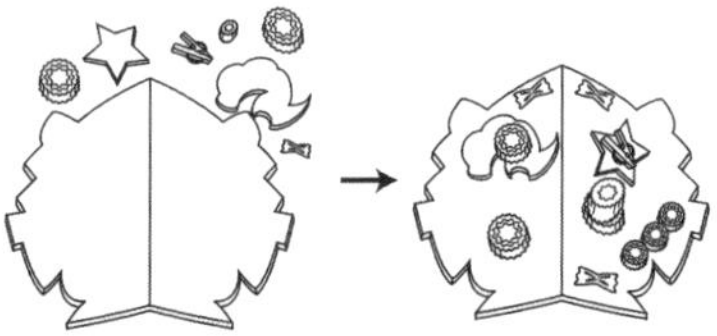	・スプレーするので，色にこだわらず形のおもしろそうなものを用意すると発想が広がる。 ・ダンボールを積み重ねたり，波ダンボールを巻いて柱に使ったりして，高さを出すとおもしろい。
2	3　金または銀のスプレーで着色する。 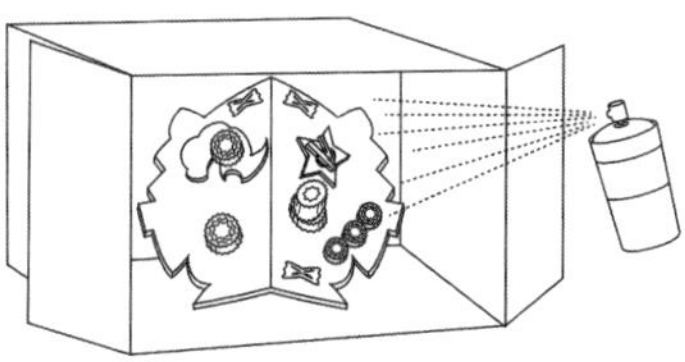	・スプレーは換気のよい場所で行う。屋外で行う場合は，風の影響を受けにくいように，ダンボールの中に作品を入れて，スプレーするとよい。
2	4　色のある材料で飾りつけたり，一部をアクリル絵の具で塗ったりする。	・メタリック工作紙やカラー波ダンボール，アクリル絵の具などで，一部に色を入れる。

形を変えて（工作）

1 電動糸のこぎりを自在に使って,形を自由に変えられる作品を作る

❶題材目標

電動糸のこぎりで板の形を工夫して切り，形が変化する作品を作る。

❷対象・指導時間

高学年　7時間

❸主な材料・用具

ベニア板またはMDF板　ドリル
丸棒　アクリル絵の具　電動糸のこぎり

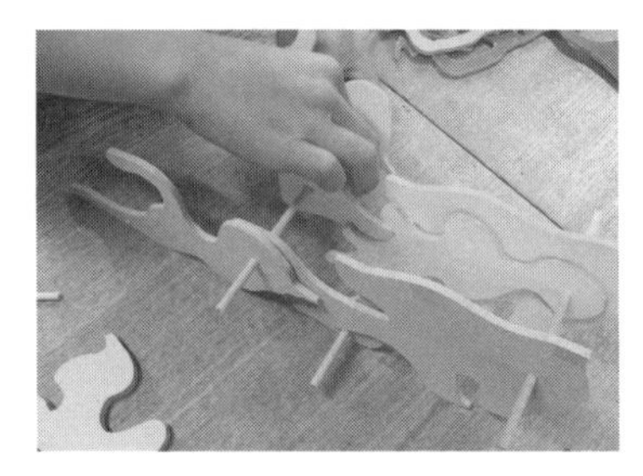

❹評価の観点

・(想) 板の形や組み合わせを考え，試しながら作ることができる。
・(技) 電動糸のこぎりを正しく使い，自分が思い描いた線の形に切ることができる。

❺題材の概要

電動糸のこぎりで板をいろいろな形に切り，丸棒でとめることで，完成後に形を変えることができる題材である。試しながら切ることで，電動糸のこぎりの技能の習得と発想の広がりが期待できる。

❻授業展開（7時間）

時間	児童の活動	指導のポイント
1	1　板の両面にアクリル絵の具で色を塗る。	・表裏で違う色が望ましい。途中で色を変えたり，模様を描いたりしてもよい。
3	2　板を半分に切りテープでとめ，電動糸のこぎりでいろいろな形に切る。 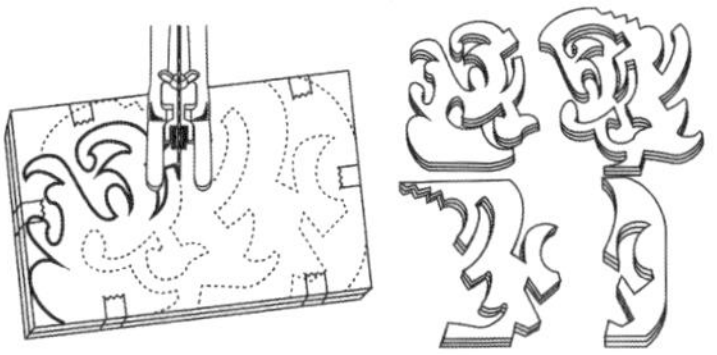	・同じ色どうしをあわせるように，板をテープでとめる。 ・なるべく長く切るつもりで，進んだら戻ってくるように切るとおもしろい形になる。 ・先に切った形を活かしながら次の形を切る。
1	3　板の先端にドリルで穴をあけ丸棒を通してつないでいく。 	・２枚重ねて同じ場所に穴をあける。穴は２か所あける。 ・ドリル刃は，丸棒と同じ径のものを使う。直径５mm 程度の丸棒が扱いやすい。 ・丸棒は長めのものを電動糸のこでぎり使う長さに切る。
2	4　板を動かして，気に入った形を見つけ，飾りをつける。 	・板の向きや順序を変えて，おもしろい形を探す。 ・余った板や予備の板を２枚重ねで切って，飾りを作ってつける。全体を何かの形に見立ててもよい。

鑑賞の授業のポイント

1 鑑賞方法の多様化と共通点

❶子どもが主体的に作品にかかわる鑑賞

鑑賞は，表現と関連させて行われることが多いですが，独立させて学習した方が効果的な場合もあります。ここでは，独立した鑑賞の授業について考えてみます。

作品を前に気づいたことを発表し合うギャラリートークのような授業や，アートカードを使ったゲーム性のある授業，美術館と連携した授業など，現在は，いろいろな鑑賞が行われています。方法は多様化していますが，共通しているのは，教師の作品解説ではなく，子どもが主体的に作品にかかわる鑑賞であることです。

2 鑑賞時の教師の役割

❶描かれているものの羅列では深まらない

ギャラリートークで活発に意見が出ているようでも，単に絵の中に描かれたものを順に発表しているだけの場合があります。それが悪い訳ではありませんが，手立てなく授業を行うと，しっかり見ることができなくて，内容が深まりません。

❷目にしていても見えていない

歩行者用信号機の止まれの表示は，上か下かと聞かれて，自信をもって答えられる人はどれくらいいるでしょうか。毎日のように目にしているものでも，意外と見えていないものです。

歩行者用信号機、どちらが正しい？

鑑賞も同じです。形はどうなっているのか，位置関係はどうなのか，どんな色が使われているのかなどを意識していないと，肝心な点を見ずに終わってしまいます。そうならないよう，意識して見ることができるような授業を組み立てることが，教師の大切な役割です。

❸見方を教える

対照的な，あるいは，類似した作品を取り上げ，それを比較することでわかってくることがあります。子どもを問題の出題者にすると細かい部分まで観察します。クローズアップした一部分を見て，もとの作品を探し出すのもおもしろいし，題名をキーワードにして作品と向き合うのもよいでしょう。

これらの手立てを通して，比較して見る，部分的に見る，作者の表現の意図を探るなど，鑑賞の力が身につきます。

3 題材例について

❶各題材の特徴

「2　視点を変えて」は身近にあるものや景色を違った角度や距離から捉えることで，新しい発見を体験する題材です。「3　題名マッチング」は，クイズのような形式で行う題材です。描かれている内容と題名を照らし合わせるために，表現の意図にまで踏み込んで，より深く作品を見ることができます。

注：題材例では，紙面の関係上，評価の観点の一部項目を割愛させていただきました。

視点を変えて

1 普段見ないような視点の写真を撮影し鑑賞する

❶題材目標

視点を変えて対象を見ることのおもしろさに気づき，新しい視点で身の回りのものを捉えてみる。

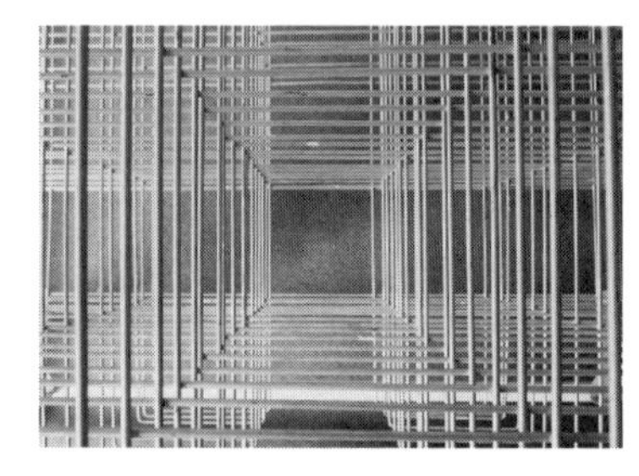

❷対象・指導時間

高学年　2時間

❸主な材料・用具

タブレット（カメラ）　大型テレビ

❹評価の観点

・（鑑）身の回りのものを普段とは違う方向や距離で捉え直そうとしている。

❺題材の概要

写真を撮り，それを鑑賞する題材である。普段見慣れているものでも，いつもと違った角度や距離から眺めてみると，気づかなかった形や色に気づくことがある。それを写真に撮り，全体で鑑賞することで，別の視点で対象を捉えるおもしろさに気づかせる題材である。

❻授業展開（2時間）

時間	児童の活動	指導のポイント
0.2	1　例示写真を鑑賞し，それが何の写真か，どのようにして撮影したかを考える。 作品乾燥棚を真上から見ると 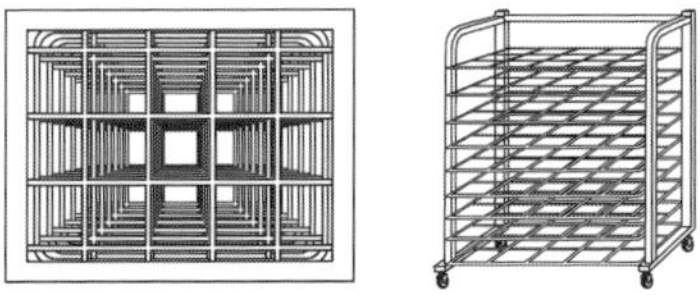	・例示写真は，新しい視点の写真と通常の視点の写真の２枚を用意しておく。 ・写真が何を撮影したものか予想する。 ・視点を意識して活動することを確認する。
1	2　タブレット（カメラ）での写真の撮影方法を確認し，二人から三人のグループに分かれ，学校内で写真を撮影する。 見下ろす 近づく 見上げる 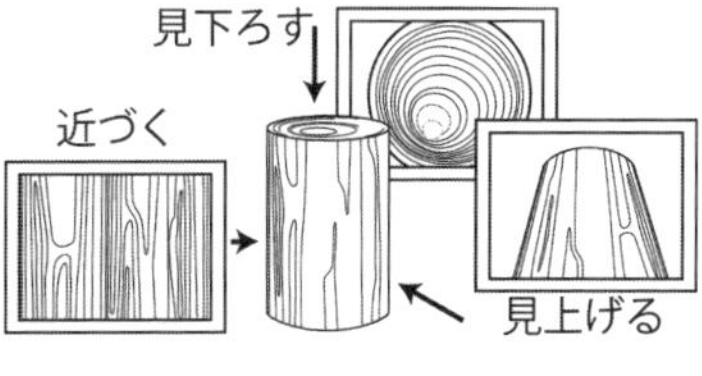	・基本的な撮影，閲覧，削除方法を確認する。 ・高いところに登って見下ろしたり，身を乗り出したりして撮影しないように事前の安全指導を徹底する。 ・写真は対象一つに対して，新しい視点の写真と通常の視点の写真の２枚を撮影する。
0.8	3　撮影した写真の中から，最もよいと思うものを１枚選び全体で鑑賞する。 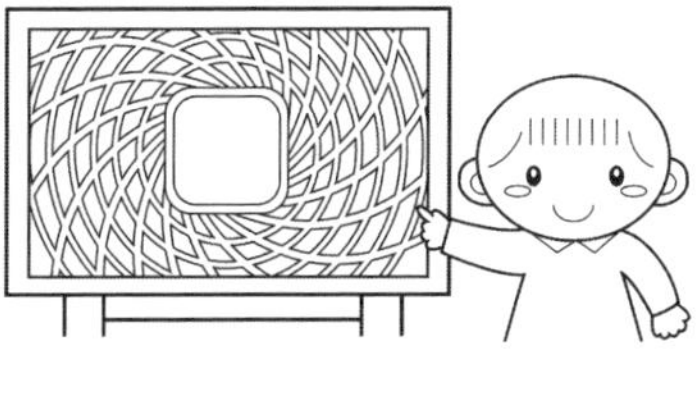	・グループで話し合って，撮影した写真の中からよいものを１枚選んで，提示する。 ・他のグループの作品を鑑賞する時は，何をどのように撮影したものか，予想しながら見る。

題名マッチング

1 絵にどの題名がふさわしいか考えながら鑑賞する

❶題材目標

絵にふさわしい題名を考えることで，特徴や表現の違いに気づき，作者の表現の意図を考えながら鑑賞する。

❷対象・指導時間

高学年　１時間

❸主な材料・用具

掲示物　絵と題名の印刷物（班用）

❹評価の観点

・（鑑）形や色，描かれている内容，表し方などを基にして，絵の題名にふさわしいものを選ぼうとしている。

❺題材の概要

絵を細部にわたってしっかりと見るための手立てとして，題名と絵のマッチングを用いた題材である。正解を得ようとして，絵を比較したり作者の意図を考えたりする活動が期待できる。

❻授業展開（1時間）

時間	児童の活動	指導のポイント
0.1	1　五つの題名と四つの絵を見て，どの絵がどの題名か，自分なりの考えをもつ。	・自分の考えを書いてから班の話し合いに入るとよい。 ・A「王の悲しみ」（マティス），B「会話の芸術」（マグリット），C「真夏の夜の夢」（シャガール），D「ギター」（ピカソ）を問題に取り上げた。
0.3	2　話し合いをして，班の意見をまとめる。	・お互いの意見を交換し，班として一つの考えにまとめる。どうしてもまとまらない場合は，意見が二つになってもよい。
0.5	3　班の意見を全体に発表する。	・班の意見の違いがわかるように，絵の下に題名を貼る。 ・その題名に決めた根拠をはっきりさせながら発表する。 ・全ての班が終わった時点で，教師が意見を整理しておく。
0.1	4　正解を聞く。	・答えが合っていることより，絵をよく見て，考える過程が大切であったことを確認してから，正解を知らせる。

Column

芸術的とはどういうことか

私達が芸術的という言葉を使う時，美術的価値の高い作品をさしている場合もありますが，時に，自分には理解できない作品であるという意味で使ったり，箸にも棒にもかからない作品をほめざるを得ない時にお世辞として使ったりしています。

枠にとらわれない発想や人と違った表現を追求する美術には，多彩な表現が生まれます。いろいろな表現が認められるということは，認められない表現はないというようにもとれます。どんな作品にでも，芸術的という言葉を使ってしまうのは，そんなところに理由があるのでしょうか。

芸術的という言葉は魔法の言葉です。まっすぐ引けない線も個性的に見えてきますし，はみ出してしまった塗り方もダイナミックに思えます。しかし，これでは，作品を正当に評価できなくなってしまいます。

そこで，「芸術的」という難しい言葉ではなく，自分が「飾っておきたくなるか」を考えるのはどうでしょう。美しさであったり，おもしろいアイディアであったり，飾っておきたい理由は作品によって違うかもしれませんが，よいものは自然と人を引きつけます。飾っておきたいかという問いにシンプルに答えることで，作品を見る際の迷いがなくなります。

4章

子どもを笑顔にする！
図工授業
レベルアップ
10の秘訣

苦手な子を笑顔にする指導

できない子には，「やり方がわからずできない」子と「能力的にできない」子がいます。この二つのできないに対する指導を考えてみましょう。

1 やり方がわからない子の指導

❶やり方がわからない子

私達が情報を得る際，ほとんどは視覚に頼っています。それに対して，教室では，教師の話を聞くという聴覚に頼った方法がとられています。そのため，全体指導では，書画カメラなどで視覚情報も併用する必要があるのですが，それでも一部にやり方を理解できない子がいます。そういう子には，目の前でやってみせるのが有効です。もう一度説明しながら，教師が手本を見せましょう。これでほとんどの子はできるようになります。

やり方がわからない子には手本を見せる

思いつかない子とは会話する

❷思いつかない子

何を描いたらよいか，何を

作ったらよいか，思いつかない子がいます。そういう子とは，会話をしましょう。その子が，何を考えているのか，どんなイメージをもっているのかわかれば，アドバイスができます。

子どもの言葉から，教師がいくつかのアイディアを提案しましょう。教師の提案をその子が受け入れるにしてもしないにしても，外からの刺激でその子の思考は新たな段階に進みます。

2 能力的にできない子の指導

❶大きく描けない子

空間の認識能力が低く，画用紙の大きさと自分の描くものの関係をうまくつかめない子は，片隅に描いたり，小さく描いたりします。どうしても小さくしか描けない子は，その能力が課題に追いついていないので，教師が支援する必要があります。小さく描いたものを拡大コピーしたり，一部を教師が大きく描き直してみたりするとよいでしょう。逆に大きすぎる場合は，紙を貼って足せばよいでしょう。

❷個別指導に定石はない

他にも，手指の巧緻性の問題であったり，集中力の問題であったりと，できない理由は子どもによって様々です。当然，できない原因に応じた指導が必要で，これをすればみんながてきるようになるといった万能薬のようなものは残念ながらありません。ただ，効果的な個別指導のためにやっておかなければならないことはあります。

それは，個別指導をする人数をできるだけ減らしておくということです。人数が少ないほど，手厚く指導することができます。そのためには，全体指導でいかにわかりやすく伝えるかがとても大切です。全体指導の質を向上させることが，個別指導を充実させることにつながり，苦手な子どもを笑顔にする指導になるのだと言えます。

絵心がない先生も安心の手本の示し方

百聞は一見にしかずと言います。言葉で説明するだけでは伝わらないこともあるので，手本も必要です。図工に苦手意識がある先生には少しハードルが高いかもしれませんが，効果的な手本について考えてみましょう。

1 効果的な手本とは

❶手本はどんな時に必要か

手本を必要とするのは，主に技能的なことを伝える時です。用具をどのように使うのか，言葉で説明しても伝わらないことが多いですが，手本を示せば簡単に理解させることができます。絵の具，彫刻刀，かなづちなど新しい用具を使う時には，特に必要となります。手本というと緊張する先生もいらっしゃいますが，自分の上手なところを見せるのではなく，上手にできるポイントを説明するためなので，ほんのさわりだけで大丈夫です。

❷効果的な手本の見せ方

手本は視覚情報です。視覚情報は一瞬で多くのことを伝えられますが，このことが逆に大切なことをわかりにくくします。何の説明もなしに手本を見せても思っているほど伝わりません。どこが大事で，どこを見ればよいのかを知らせながら，手本を見せましょう。

効果的な手本の見せ方は，最初に

ポイントとなる点を言葉や図で説明してから行うことです。それらが実際にはどのような動きで行われるのか，ポイントとなる部分で止めたり，繰り返したり，言葉で注意を促したりしながら手本を見せましょう。

2 手本のポイントを見つける

❶事前にやってみる

手本を見せる前に，事前にやってみることが大切です。これは，練習のためではなく，説明のポイントを見つけるためです。頭の中では，物事がスムーズに進みます。そのため，時間のかかる部分や迷う部分がわかりません。しかし，実際に材料や用具にさわってみると，苦労したり，失敗したりする部分が見えてきます。自分が体験して，難しい部分がわかって初めて，わかりやすい手本を示すことができます。

❷教師自身がわからない時は

教師自身が用具をどのように使ったらよいのかわからないこともあります。この場合は，教師に手本が必要です。教科書で取り上げられている用具に関しては，教師用指導書に解説されていることが多いでしょう。そこになくても，インターネットで調べれば，たいていの情報は得られます。ただ，インターネットの情報は子どもに教えることを想定していないものが多いので，指導のポイントは自分で見つける必要があります。

❸手本は簡潔に

自分がわかってくればくるほど，情報を集めれば集めるほど，子どもに伝えたいことが多くなります。しかし，手本を見る時間が長くなれば，ポイントがぼやけてしまい，伝わらなくなってしまいます。

本当に大切なことに絞って，そこだけを伝えるようにしましょう。

試しながら作品を作ってみよう

造形遊びだけでなく，絵や工作でも，試しながら制作する方法を取り入れてみましょう。子どもが主体的に取り組んで，それぞれの思いがよく感じられる作品ができ上がります。

1 「完成イメージに近づける」か「試しながら発想する」か

❶完成イメージをどう捉えるか

図工での活動の仕方は，完成イメージをどのように捉えるかで二つに分けられます。一つは，でき上がりのイメージをもち，それを実現させようとする「完成イメージに近づける」方法です。もう一つは，素材や用具を試しながら表現し，そこから発想を積み重ねて進めていく「試しながら発想する」方法です。

❷両者の長所と短所

「完成イメージに近づける」方法は，見通しをもって活動する力をつけることができ，作品の完成度が高まりますが，主体的に取り組む力が育ちにくいという短所があります。一方，「試しながら発想する」方法は，主体的に活動でき，技能経験も豊かになりますが，計画的に取り組む力が育ちにくく，作品の完成度も低くなりがちです。このように，双方に長所と短所がありますので，両者をバランスよく取り入れていくのがよいでしょう。一般的に絵や工作では，「完成イメージに近づける」方法が多くなりますので，「試しながら発想する」題材を積極的に取り入れましょう。ちなみに造形遊びは「試しながら発想する」活動になります。

2 「試しながら発想する」題材

❶具体的には

具体例を木の工作で見ておきましょう。箱を作る場合，箱の大きさや板の厚みなどを考えながら，板を切らなければいけません。これは「完成イメージに近づける」方法です。また，板を電動糸のこぎりでいろいろな形に切って，それを組み合わせて作品を作る場合もあります。これは「試しながら発想する」方法です。

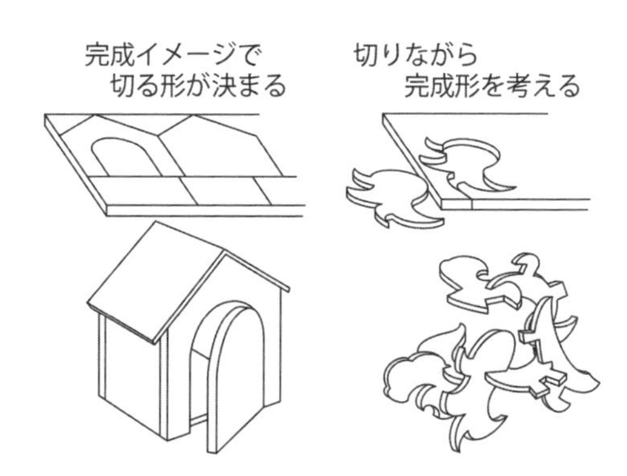

❷技能練習を「試しながら発想する」題材に

はさみの練習のために紙をいろいろな形に切る活動をすることがあります。この時，練習で切った紙を捨てるのではなく，色画用紙に貼って作品にしてみてはどうでしょう。色画用紙に貼るという活動をプラスすることで，練習が，「試しながら発想する」題材に進化します。他にも，「カッターナイフで窓をあけ，立体的に台紙に貼る」「紙に絵の具で色をつけ，切って台紙に貼る」「彫刻刀でいろいろな線を試しながら板を彫る」「墨での表現を試しながら，墨絵を描く」など，様々な活動が考えられます。

教師を悩ます「できた！　できた！」

図工で教師が苦労するのは進度の違いではないでしょうか。まだ遅い子がとりかかったばかりだというのに，一方で「できた！　できた！」と作品を持ってくる子がいます。ここでは，進度の違いについて考えてみましょう。

1 「できた！　できた！」と持ってくる子への対応

❶「できた！　できた！」は，できていない

できたと早くに持ってくる子は，とりあえず色が塗れていたり，形を作っていたりしますが，肝心の部分ができていないことが多いものです。そう，めあてを達成できていないのです。

❷先手を打つ

こういう子には，先に手を打っておかなければなりません。活動が始まったら机間巡視をして，めあてを意識せずどんどん進んでしまう子を見つけましょう。この子は，めあてに迫るための正しいやり方がわかっていませんので，個別に手本を見せるなどして，早めに指導しておきましょう。

❸釘をさす

図工は早くできればよい教科ではありません。私は，「図工は，できたと思った時，さらによくするにはどうすればよいかを考える教科」だと言って

います。色を一度塗っただけでもできたと言えますが，塗った色の上に色を重ねて深みを出すこともできますし，筆づかいで質感を加えることもできます。早くできたことは工夫をするチャンスだと考えさせましょう。

また，終了の時刻までは，できたと言って持ってこないように指示することも効果があります。時間を意識することで，見通しをもって活動できますし，それまでは，工夫しなければならないと考えるからです。

2 本当にできた子への対応

❶早くできた子を救う時間待ちの課題

本当にできた子がいる場合，遅い子に合わせて長時間待たせるのはよくありません。かといって，できた子がどんどん進んでしまうと複数のことに対応しなければならなくなり，指導が難しくなってきます。そこで，技能を高めたり，次の活動につながったりするような，「時間待ちの課題」を用意しましょう。これは，プリントのような形でも，新たな素材でもよいですが，意欲がわいて，かつ，説明の必要がないものが望ましいでしょう。

❷時間待ちの課題が遅い子のじゃまにならないこと

時間待ちの課題は，遅い子の活動のじゃまになるような内容は避けましょう。例えば，電動糸のこぎりを使う題材で，早くできた子に別の板を切るようなプラス α の課題を与えると，早い子が電動糸のこぎりを使うため，待ち時間が増えて，遅い子がより遅くなってしまいます。道具の数が限られている場合の時間待ちの課題は，その道具を使わないものにする必要があります。

色の指導はピザの一片で教える

何色と何色が合うのか，混色に適した色はどの組み合わせなのか，難しいと思われている色彩指導も色相環をピザに見立てた指導でわかりやすく教えることができます。

1　色には順番がある

❶色相環を理解する

太陽の光は，いろいろな波長の光の集まりです。この波長は長いものから，赤，橙，黄，黄緑，緑，青，紫の順になっています。この色の順番と，人間の色を感じる仕組みから，色の並びを輪にしたものが色相環です。

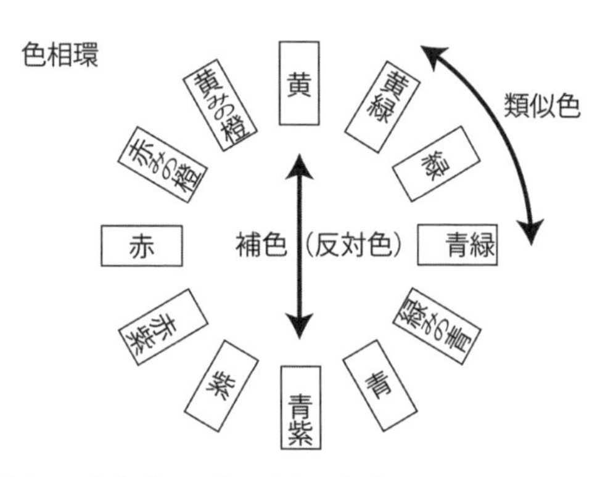

黄色に対する黄土色のように明度の違う色や白・黒は色相環には描かれていません。

❷合う色とは何か

「合う色」と言っても類似性があって調和するものと対称性があって調和するものがあります。類似性のあるものというのは，色相環の中で，近くにいる色の関係をさします。対称性のあるものというのは，輪の反対側にある色の関係をさし，これは補色（反対色）と呼ばれます。

類似色は落ち着いた感じになり，補色は派手な感じになります。色相環で色の遠い近いを意識させると色の関係を捉えやすくなります。

2 類似色をピザで教える

❶類似色をうまく使う

類似色をうまく使えれば，色を上手に塗ることができます。もちろん，類似色ばかりでは，色が単調になってしまいますので，それ以外の色も使う必要性は出てきます。しかし，補色をいくつも使いそれぞれの色が主張しすぎているものをまとめるのは大変ですが，まとまりのあるものにアクセントを加えるのは比較的簡単です。

❷混色は類似色を基本に

類似色は混色をする上でとても便利な関係です。どの色でも混色はできますが，２色の中間にある色をきれいに再現できるのが，混色しやすい関係です。例えば，黄と緑で黄緑が出てきますし，赤と紫で赤紫になります。

❸ピザで教える

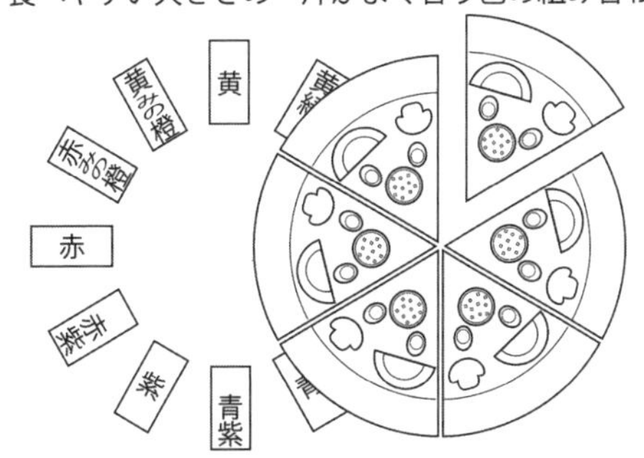

私は，色相環をピザに見立て，類似色の関係をピザの一片と考え「食べやすいピザの色」と呼んでいます。大きすぎるピザでは，中間色がうまく出ず，にごりやすいですし，小さすぎるピザでは，混色しても違いがわかりにくくなります。ちょうどよい大きさのピザを考えると色が選びやすくなります。

輪郭ではなくパーツから描く

絵を描く時，外側から描くと，その中のものは輪郭に合わせて限定的になります。そこで，中のパーツから描かせてみましょう。工夫したパーツの組み合わせで，おもしろい絵ができ上がります。

1 輪郭ではなく，パーツから描く

❶パーツから描くと

例として「不思議な生き物を描く」という題材で，外側の輪郭からではなく，内側の個々のパーツから描く場合を考えてみましょう。

「目の周りを歯車のようにして，瞳の中には，トゲトゲを描いたらおもしろいかな。鼻は角のように上に伸ばして……」と小さなパーツごとに工夫を凝らしながら描いていきます。目から鼻，鼻から口へと隣へ隣へと描き足していきましょう。

このようにすると結果として大きく描かれていきます。おそらく全体を紙に収めることはできないでしょうが，それが迫力につながります。

❷器に従う

最初に輪郭を描いてしまうと，その後のものは，その輪郭を越えることはできません。大きさだけではなく，形や工夫といった発想も輪郭に縛られてしまうのです。一方，輪郭を描かない場合，工夫はどんどん広がります。しかも，描いているうちに次々と新しいアイディアが浮かんできて，おもしろさに拍車がかかります。発想を縛る器を最初に作ってしまうより，器のない状態で工夫を積み重ねる方が，おもしろいものができます。

2 下描きをしない

❶鉛筆で下描きをしない

絵を描く時，鉛筆での下描きはしない方がうまく描けることが多いものです。特に低・中学年では，直接マーカーやクレパスなどで描くことをおすすめします。

鉛筆は先が細いので，絵の具の下絵には適さないような小さな絵が描けます。また，子どもは筆圧を加減して描くことが苦手なので，濃い線を描いてしまいます。濃く描いた線は，きれいに消せません。消せないのなら初めからマーカーで線描きした方が手間が省けますし，鉛筆よりペン先が太いので，無意識に大きく描けます。

なにより，消せない緊張感が丁寧に描くことにつながり，結果的によい絵ができ上がります。

❷ゆっくり描く

線の美しさで絵の上手下手が左右されます。絵が苦手な子は，線を描くスピードが速い場合が多いようです。線が走ると形が不安定になり，汚く見えます。

線をゆっくり描くと，形を確かめながら描くことができますので，きれいな形を描けます。

工作は基本の形から発展

工作をする時，材料を渡して，「はい，作りましょう！」では，何から手をつけてよいのかわかりません。特に苦手な子どもは立体にすらならないでしょう。そんな時は基本の形を作ってみましょう。

1 材料が立体になる難しさ

❶立体を集めて立体を作る

空き箱を集めて動物を作るとかペットボトルでお城を作る場合は，もともと立体であるものを組み合わせたり，粘土をつけたりしますので，立体的なものを作るという点ではやりやすいと言えます。それに対して，厚紙や針金，板などの平面的なものを工作の材料として使う場合は，立体にするということについて丁寧な指導が必要です。

❷平面的なものから立体を作る

材料が平面ですので，それをどのようにすれば立体になるのか，この部分が最も難しい部分であり，そこをクリアしないとそもそも立体工作になりません。不安定でうまく立体にできなかった場合，それにさらにつけ加えて工夫をするということもできません。最初につまずくと最後までうまくいかないということが，工作では起こりがちです。

❸基礎部分をしっかり作る

家を建てる時は，基礎工事を行います。この基礎は家を支える土台で，これが傾いていたり，弱かったりすると，よい家は建ちません。工作もこれによく似ています。

そこで，この基礎部分にあたるところを，一斉指導で丁寧に行い，その後をそれぞれが工夫するというのはどうでしょう。私は，これを基本の形と呼んでいます。

2 基本の形を使って工作をする

❶基本の形を使った工作の方法

基本の形は，立体にするための作り方が同じというだけで，形を同じにしないといけない訳ではありません。ただ構造が同じですので，ある程度似た形にはなります。そこで，基本の形につけ加える部分を多くするとか，基本の形そのものを何種類か用意するなどの手立てが必要になります。

基本の形を作るまでは，できるだけ全体の進度をそろえて行う方が，指導しやすいでしょう。

❷基本の形を使った工作の具体例

ダンボールの板を切り，それをボンドでつけて，立体的な作品を作るという題材で基本の形を考えてみましょう。

ダンボールシートの帯を巻いて，柱を作ります。これを２枚重ねにして切ったダンボールで挟めば，厚みが出て立体化できます。この形を基本の形とします。柱は全員共通ですが，両側の形は各自違ってかまいません。この基本の形を立てて使ったり，寝かせて使ったりして，ダンボールシートやダンボールの板をつけ加えて作っていきます。

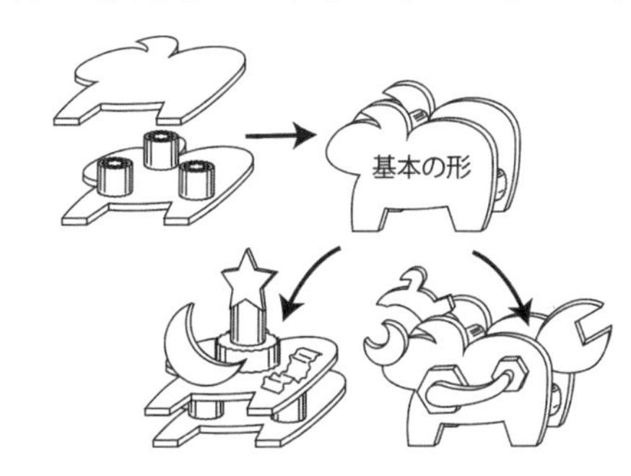

すでに立体化したものにつけ加えることで，ハードルが下がり苦手な子も取り組みやすくなります。

構図はちょっとのコツで大丈夫

構図を詳しく指導する機会はあまりないと思います。しかし，構図によって，絵に動きを感じさせたり，広がりを出したりすることができます。ここでは，簡単な構図のコツを取り上げてみます。

1 絵に動きを出す

❶並べない

「整理整頓」とか「整列」とか，日頃きれいに並べるように言われますが，こと絵に関しては，きれいに並べて描いてはいけません。

絵はそもそも静止した画面なので，その中できれいに並べて描くと固まった感じがしておもしろみがなくなります。静止した中で，あえてバランスを崩し，かといってバラバラな感じがしないようにバランスをとることで，絵に動きが出てきます。

❷大きさを変える

では，絵に動きを出すためにはどうすればよいのでしょうか。それには，まず，大きさを変えてみましょう。同じ大きさのものが並んでいると均一な感じになりますが，大きさが変わることで，変化が加わります。

❸傾ける

斜めでも大丈夫なものは，傾けてみましょう。傾けると不安定な感じがします。そこで，別のものを逆向きに傾けることで，バランスをとりましょう。

❹疎と密

多くのものをびっしりと隙間なく描いていくと，画面全体が単調になってしまいます。あえて描かない空白をつくるのも大切なことです。まばらなところと混んでいるところ，疎と密を意識しましょう。

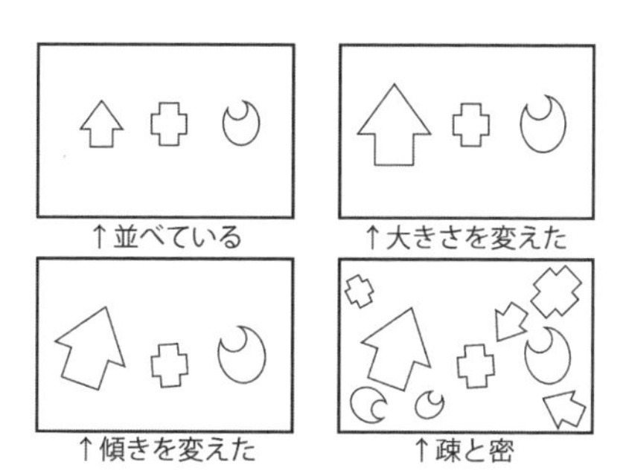

2 絵に広がりを出す

❶画面を半分に分けない

画面を上下半分に分けると，上と下がつり合って，広がりが感じられなくなります。上が広いと空に広がりが，下が広いと地面に広がりが感じられるようになります。

また，ものを真ん中に描いてしまうと画面を半分に分けることになりますので避けましょう。

❷はみ出す　重ねる

画用紙から描いたものがはみ出すと，描けていない部分に続きがあるように感じます。その続きは画用紙の外にある訳ですから，結果，絵が画用紙の外まで広がっているように感じます。

また，ものを重ねるのもよいことです。重なった見えない部分を脳が補完して，ものの背後に存在するように感じるので奥行を感じます。

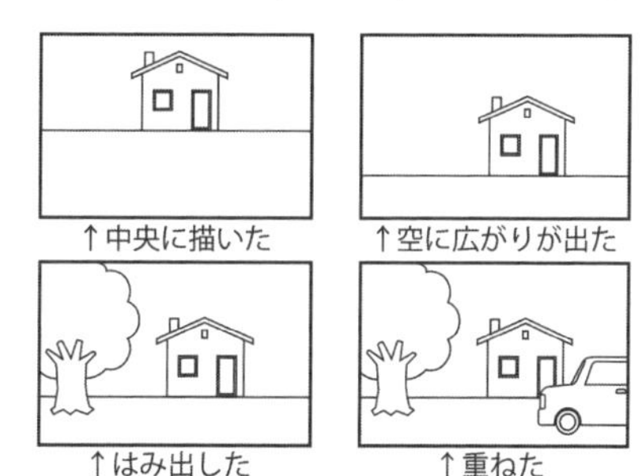

作品は見せ方で輝きだす

制作した作品は教室や廊下などにぜひ展示したいものです。その際，見せ方にもこだわりましょう。ひと手間で，作品の見栄えは格段にアップします。

1 いいとこどりをする

❶トリミングしてみる

画用紙全体を完璧に仕上げるのは難しいものです。また，失敗した画用紙にも捨てるには惜しい部分があります。

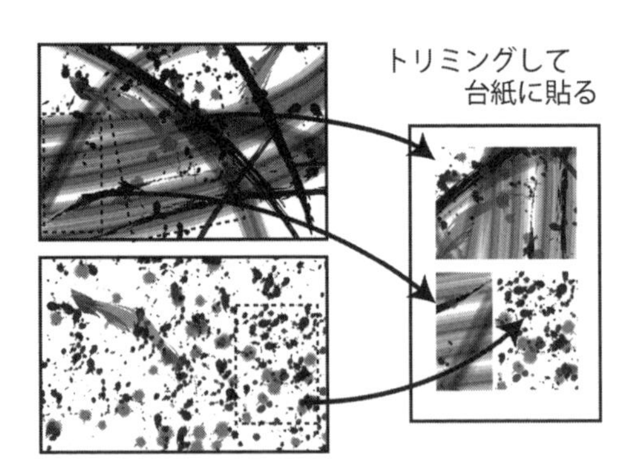

そこで，トリミング（切り取り）をしてみましょう。できた画用紙の中のよいと思う部分を切り取って，それを台紙に貼り，作品にします。台紙に貼る枚数は，複数枚でも，１枚だけでもかまいません。場合によっては，トリミングする形を四角以外にしたり，トリミングした形を使って，別の絵を作ったりすることもできます。

2 作品に色を加える

❶絵の周りに色を加える

作品によっては色が少ない場合があります。そんな時は，色画用紙を台紙にしたり，絵の周りに色のある紙を加えたりしてみましょう。

墨絵には，雲華紙と千代紙がよく合います。雲華紙を台紙にして墨絵を貼ったら，かけ軸風に上下に細い帯にした千代紙を貼ってみましょう。単調な墨絵が一気に華やぎます。

←雲華紙と千代紙

色帯で縁取り→

また，周りが白っぽい絵に白い台紙を使うと作品にしまりがなくなります。その場合は，濃い色の台紙を使うか，色画用紙を細い帯にしたもので縁どるとよいでしょう。

❷立体作品の展示

立体作品に関しても，素焼きの粘土作品のように色が少ない場合は，作品の下に色画用紙などを敷きましょう。

２枚重ねにするとおしゃれに見えます。好みに応じて，平行にずらしたり，回してずらしたりしましょう。

❸あえて色を抑える展示

ダンボール作品も色が少ないですが，これに色を合わせると作品がくすんで見えます。ダンボールの薄茶は他の色と合わせにくい色なのです。

このような場合は，あえて色を抑える展示が必要です。展示台全体にクラフト紙やハトロン紙のような薄茶の包装紙を敷くのがおすすめです。

財産を増やそう

忙しさに追われて，毎日をのりきるだけで精一杯だという先生も多いことでしょう。しかし，日々の努力をその場限りで終わらせるのは，なんとももったいないことです。その努力を財産に変え，未来のために蓄えましょう。

1 記録を残す

❶写真を撮る

子どもの活動の様子や作品，板書などを写真に撮って残しておきましょう。授業記録として役立つだけではなく，次の機会に活用できる貴重な資料になります。

もし，仲のよい先生方と組んで，お互いが記録写真を出し合うようにできれば，いろいろな題材の資料が短期間で手に入ります。

写真を撮っておくことは，今の授業を将来に活かすための最も簡単な方法です。

2 ワークシートを使う

❶繰り返し使える

漢字や計算のプリントはどの先生もよく活用されていますが，図工でもワークシートを使ってみましょう。ワークシートを技能練習に使うと，同じ形を塗ったり，切ったりすることで，指導を徹底しやすくなります。また，繰り返し練習する場合も，いくつかのバリエーションを作っておくことで，子ども達の意欲を持続させたまま行うことができます。

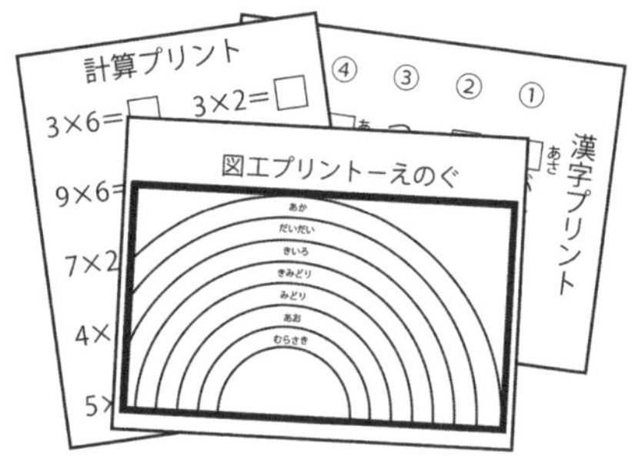

ワークシートの一番の利点は，一度作れば，印刷するだけで，何度でも使えることです。自分自身が使うだけではなく，他のクラスで使ってもらうこともできます。作る手間はかかりますが，その手間はすぐに回収できて自分の財産になります。

3 経験を増やす

❶いろいろ試してみる

図工を苦手だと感じていた先生も，前向きに取り組んでいれば，得意な題材や用具などができてきます。それを少しずつ増やしていきましょう。

そして，ある程度自信がついてきたら，他の方法も試してみましょう。図工は，同じ材料・用具を使って行うものでも，別のアプローチができます。同じことを繰り返すより，新たなチャレンジをする方が得るものも多いでしょう。

❷知識で経験を補完する

経験を積むには時間がかかります。そこで，話を聞いたり，本を読んだりして，知識を得て，経験を補いましょう。自分の殻を自分でやぶることは難しく，同じようなことを繰り返していることが多いものです。他の人の考えを知ることで，大きく成長するチャンスが生まれます。

Column

先生にとっての図工の魅力

子ども達は，毎週の図工の時間をとても楽しみにしています。それは，絵を描いたり，工作をしたりという活動がおもしろいからという理由に加え，自分なりのやり方で作品を創り出していくという教科の特性が，大きな魅力となっていると思います。

それでは，先生にとっての図工の魅力とは，何なのでしょうか。人それぞれ魅力を感じるところは違うと思いますが，私自身は，「創意工夫できる教科である」ことにそれを感じています。

図工は他教科に比べ，教師にとって工夫の余地が大きい教科です。指導の方法だけでなく，用紙の大きさや形といった材料の工夫であったり，でき上がった作品の展示・見せ方の工夫であったりと，学習のあらゆる場面で工夫をすることができます。その気になれば，全く新しい題材を一から考え出すこともできるでしょう。

誰でも，新しいことを思いついて，ワクワクしたことがあると思います。それを最もたくさん体験できる教科が，図工ではないでしょうか。図工で創造性を発揮できるのは，何も子どもだけではありません。

図工は「図画」と「工作」という意味ですが，私は，「工夫」を「図る（計画する）」教科で，「図工」なのだと考えています。

5章

今日から使える！
ワークシート

今日から使えるワークシート

1 ワークシートでらくらく技術指導

❶印刷するだけで使えるワークシート

この章では，図工で使う用具の中から技能習得が重視される絵の具とカッターナイフを取り上げ，コピーして使えるワークシートを掲載しました。作品制作前に絵の具やカッターナイフの使い方を単独で取り上げて学習するのに最適です。ワークシートには，留意点や指導のポイントを詳しく解説した「使い方」もつけています。ワークシートの裏に「使い方」を載せていますので，印刷のために本から切り離されてもそれらがバラバラになりません。

あわせて，この本と同じような形式のワークシートを自作される場合に役立つように，最後のページに，方眼入りのワークシート枠も入れていますので，ご活用下さい。

❷ワークシートで効果をあげるために

ワークシートを使う利点は，同じ課題に取り組ませることで，指導が徹底しやすくなることです。同じ絵や形，枠を使って行いますので，出来，不出来がよくわかります。

できていない子にその場で適切に指導することで，技能の向上を図ることができます。ワークシートと個別指導はセットと考えて取り組んでいただくと効果が期待できます。

図工
ワークシート
えのぐ　水とえのぐの割合を変えましょう
めあて
水とえのぐの割合を変えて，１色でぬりわけましょう。
年　組
名前

図工ワークシート「えのぐ　水とえのぐの割合を変えましょう」の使い方

・上質紙もしくは画用紙のＡ４判程度に拡大印刷してお使い下さい。
・水と絵の具の割合を変えて１色だけで塗り分けます。
・使う色を１色に限定することで，水加減に絞って指導することができます。個人絵の具の入門期にパレットや筆洗バケツの使い方とあわせてお使いいただくと効果的です。

図工 ワークシート　えのぐ　水とえのぐの割合を変えましょう　年　組　名前
めあて 水とえのぐの割合を変えて，１色でぬりわけましょう。

ポイント
水と絵の具の割合を変えながら，部屋の中を塗り分けていきます。濃く塗ったり，薄く塗ったりして，色数を多く見せます。

ポイント
隣の部屋を続けて塗った時，にじんでしまうのは，水が多すぎるからです。
薄い色にしたい場合は水を増やすのではなく絵の具を少量にします。

ポイント
明るい色では，あまり変化を出せません。黄色やレモン色は避けましょう。

ポイント
塗る部屋の大きさによって，筆の太さを変えます。

ポイント
できるだけ線の上を塗らないように気をつけます。

ポイント
隣り合った部屋が，同じ色にならないように，塗り方を工夫します。

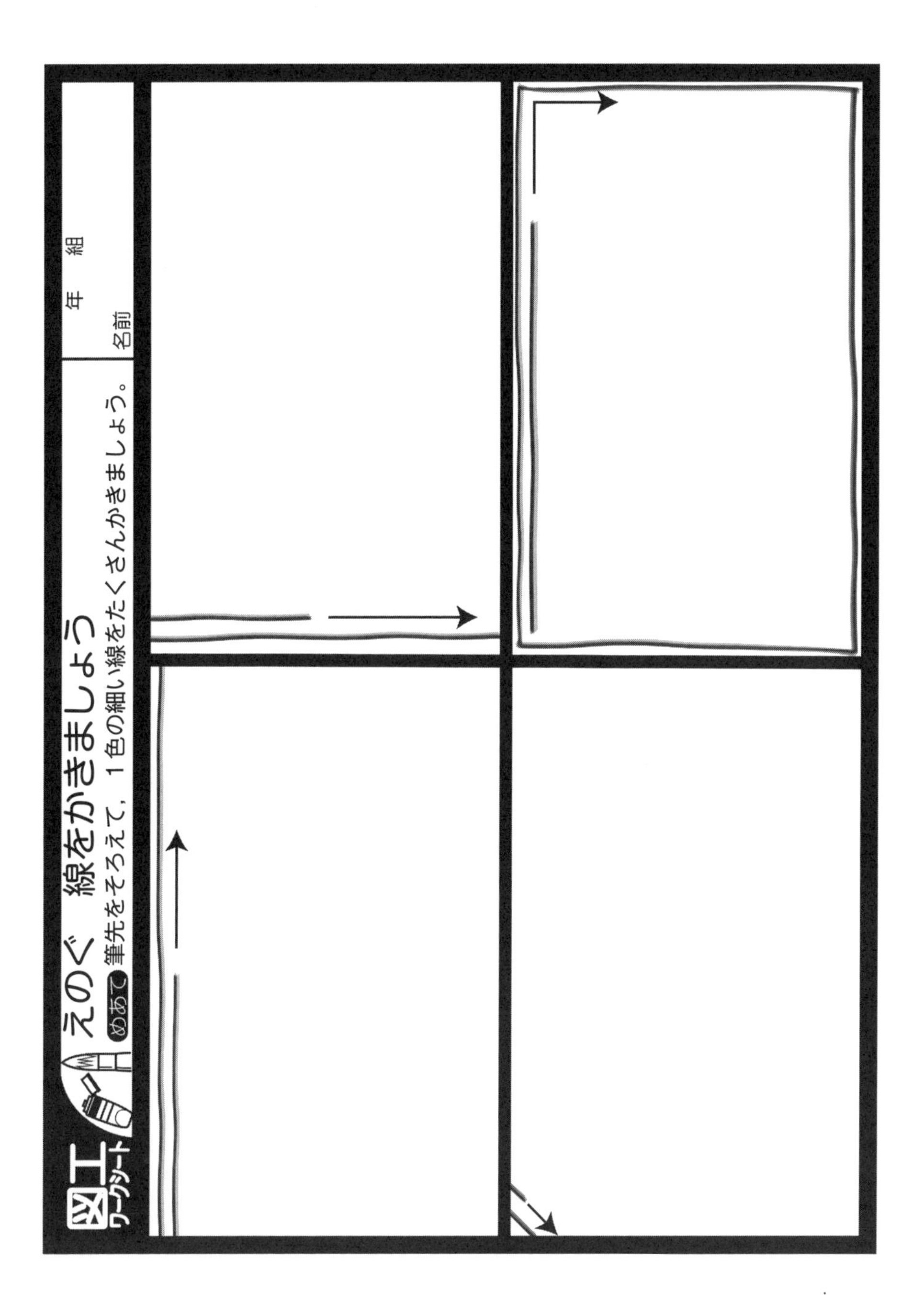
図工ワークシート
えのぐ　線をかきましょう
めあて
筆先をそろえて，１色の細い線をたくさんかきましょう。
年　組
名前

図工ワークシート「えのぐ　線をかきましょう」の使い方

- 上質紙もしくは画用紙のＡ４判程度に拡大印刷してお使い下さい。
- 筆先を整えて，細い線を描き，筆の扱い方を身につける課題です。色は１色だけ使います。
- 筆で太い線を描くのは難しくありませんが，細い線を描くには練習が必要です。線どうしがくっついてしまわないように隙間をあけながら，なるべく多くの線を描きます。

ポイント

右向きの矢印ですが，左利きの子は，左向きの方が描きやすいので，向きは子どもに選ばせます。

ポイント

細い線を描いたり，小さい部分を塗ったりする時は，下の図のように手を紙につけないとうまくできません。

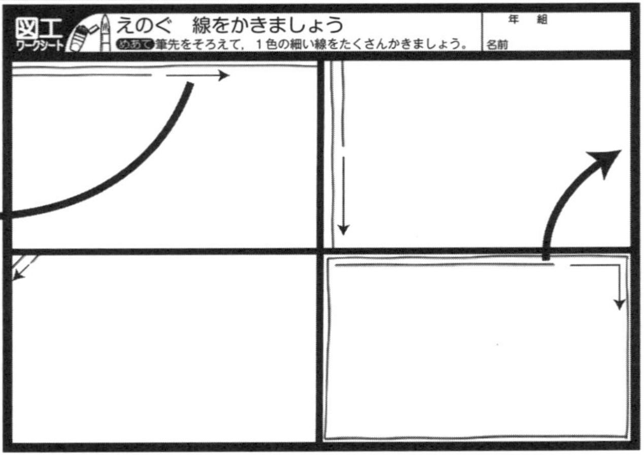

図工ワークシート　えのぐ　線をかきましょう
めあて　筆先をそろえて，１色の細い線をたくさんかきましょう。
年　組
名前

ポイント

筆の先を整えて，先だけを使って描きます。線どうしがつかないようにも気をつけます。

ポイント

絵の具に対して水が少ないとかすれてうまく線が引けません。
何度も同じ線をなぞるような描き方をしている子は，水が少ないことが多いので，水の量を調整させましょう。

ポイント

線が隣とくっついたら１本と数えるようルールを設定して，決められた時間内で何本の線が描けるかというゲーム的な流れでワークシートを活用しても楽しくなります。

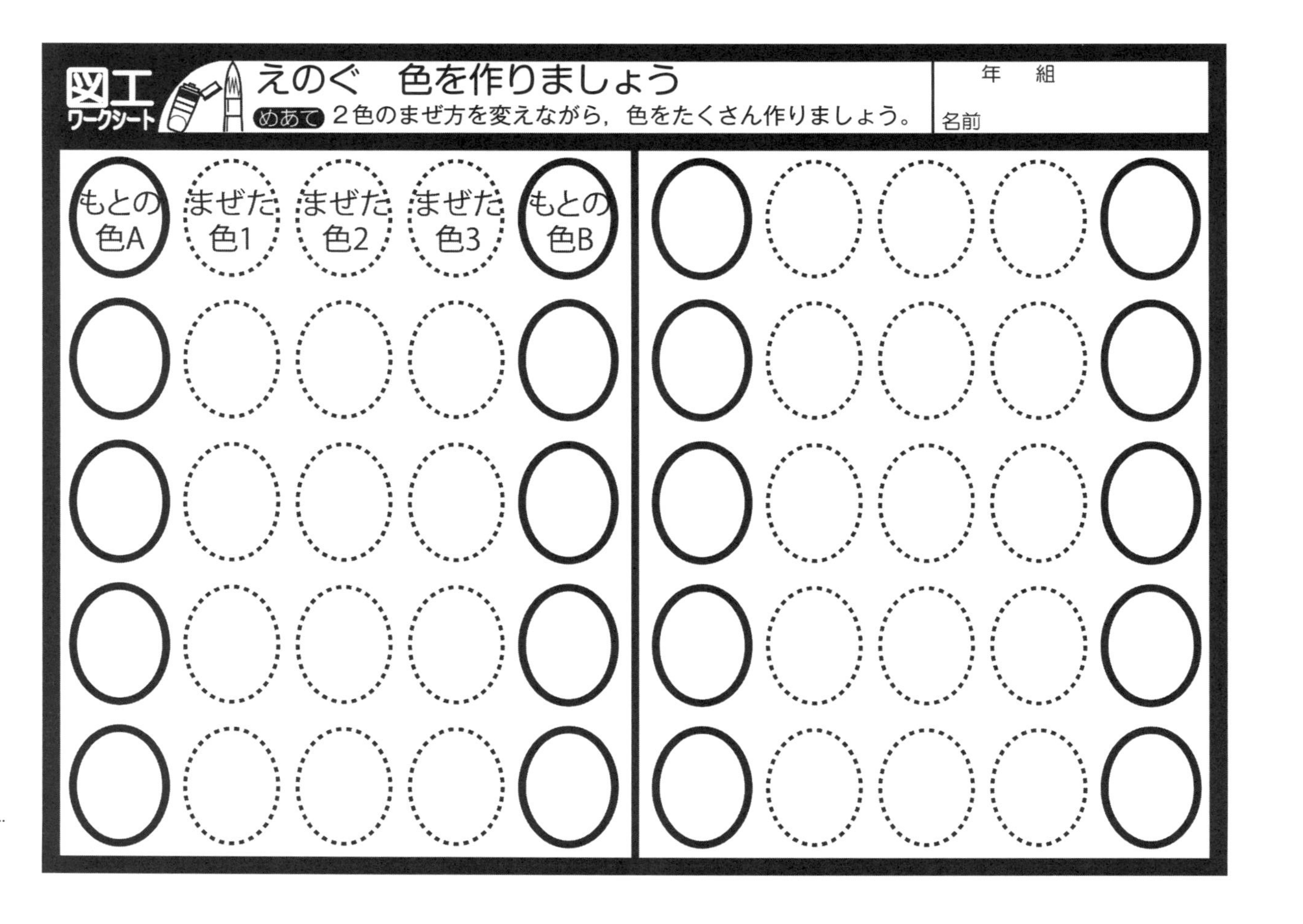
図工
ワークシート
えのぐ　色を作りましょう
めあて　2色のまぜ方を変えながら，色をたくさん作りましょう。
年　組
名前
もとの色A
まぜた色1
まぜた色2
まぜた色3
もとの色B

図工ワークシート「えのぐ　色を作りましょう」の使い方

・上質紙もしくは画用紙のＡ４判程度に拡大印刷してお使い下さい。
・絵の具の混色を学習します。２色を混ぜてできた色を点線楕円に塗ります。
・最初にもとの色を両端に塗っておくことで，もとの色との違いがはっきりします。
・色の組み合わせは，子どもが試したいものを自由に選ばせればよいでしょう。

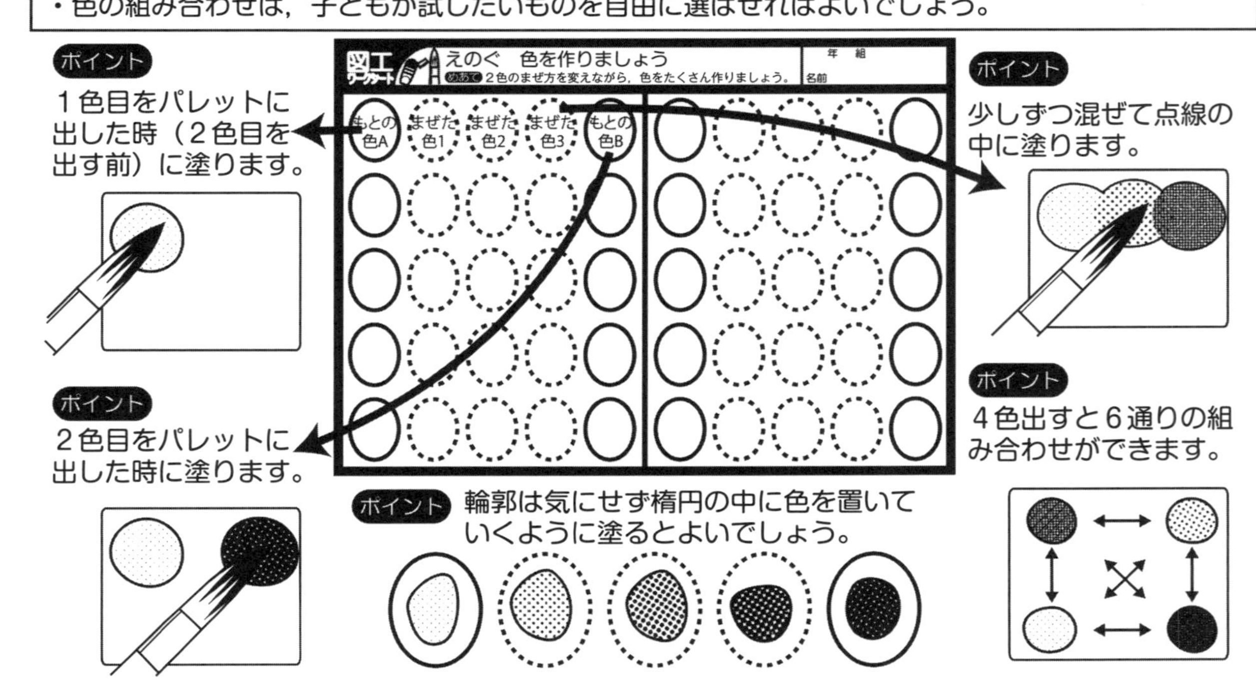

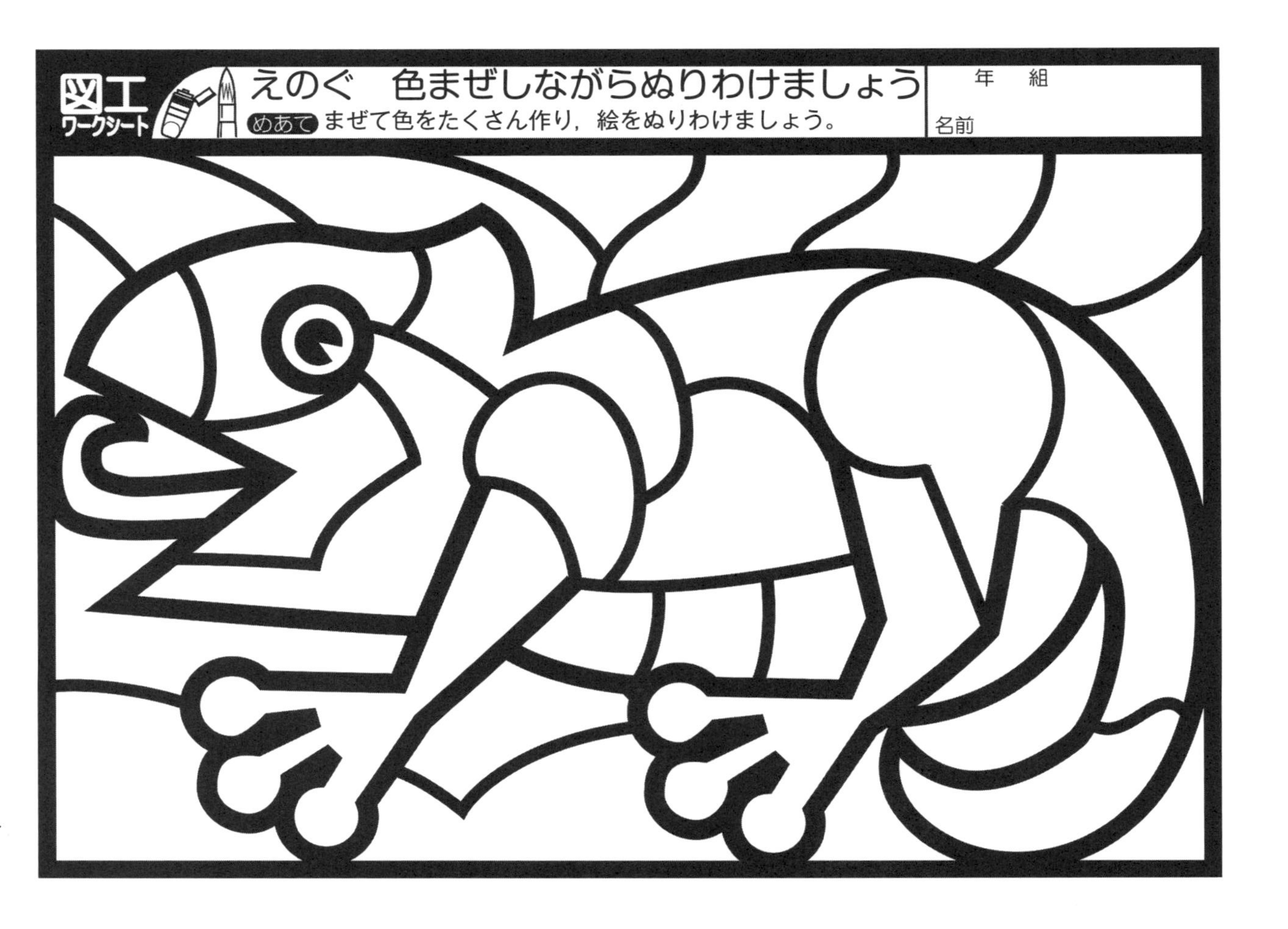
図工
ワークシート
えのぐ　色まぜしながらぬりわけましょう
めあて まぜて色をたくさん作り，絵をぬりわけましょう。
年　組
名前

図工ワークシート「えのぐ　色まぜしながらぬりわけましょう」の使い方

・上質紙もしくは画用紙のＡ４判程度に拡大印刷してお使い下さい。
・絵の具の混色の技能を使って絵を塗り分けます。
・輪郭を意識して隣合った部屋に同じ色を塗らないようにします。隣合わなければ，同じ色で複数の部屋を塗ってもよいですが，色数が減りすぎないようにします。

図工 ワークシート　えのぐ　色まぜしながらぬりわけましょう
めあて まぜて色をたくさん作り，絵をぬりわけましょう。
年　組　名前

ポイント
色を少しずつ混ぜながら，それぞれの部屋を塗り分けます。

ポイント
塗る部屋の大きさによって，筆の太さを変えます。

ポイント
背景はカメレオンと同じ配色にならないように工夫して塗ります。色に黒または白を混ぜるのもよい方法です。

ポイント
隣の部屋を続けて塗った時，にじんでしまうのは，水が多すぎるからです。

ポイント
線の上をできるだけ塗らないように気をつけます。

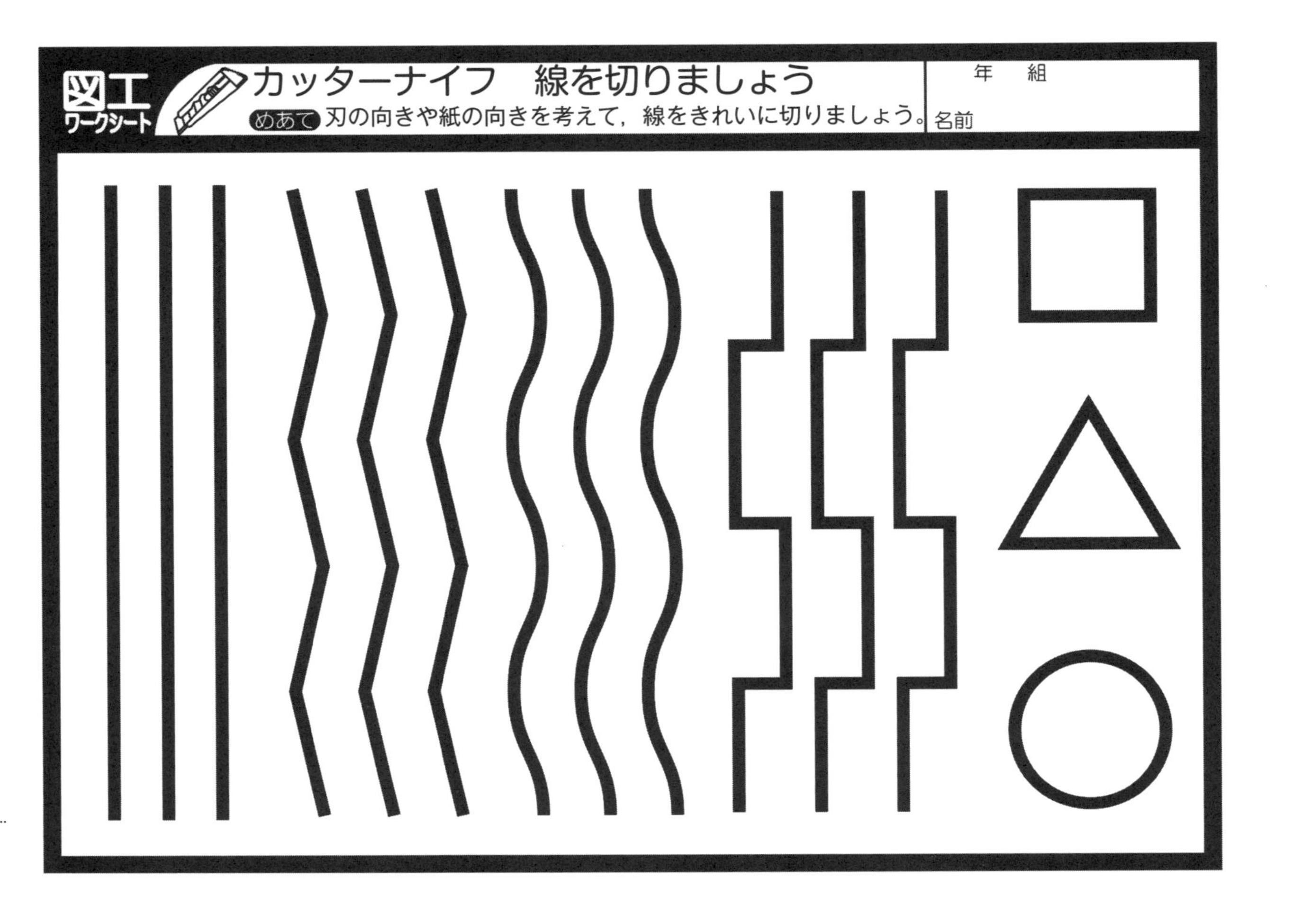
図工
ワークシート
カッターナイフ　線を切りましょう
めあて
刃の向きや紙の向きを考えて，線をきれいに切りましょう。
年　組
名前

図工ワークシート「カッターナイフ　線を切りましょう」の使い方

・厚手の上質紙Ａ４判程度に拡大印刷してお使い下さい。
・カッターナイフの基礎を学習します。左の直線から初めて，ジグザグ，カーブと進めていきます。
・カッターナイフの向きを変えたり，紙を傾けたり，回したりして，線の向きと刃の向きを合わせながら切ります。

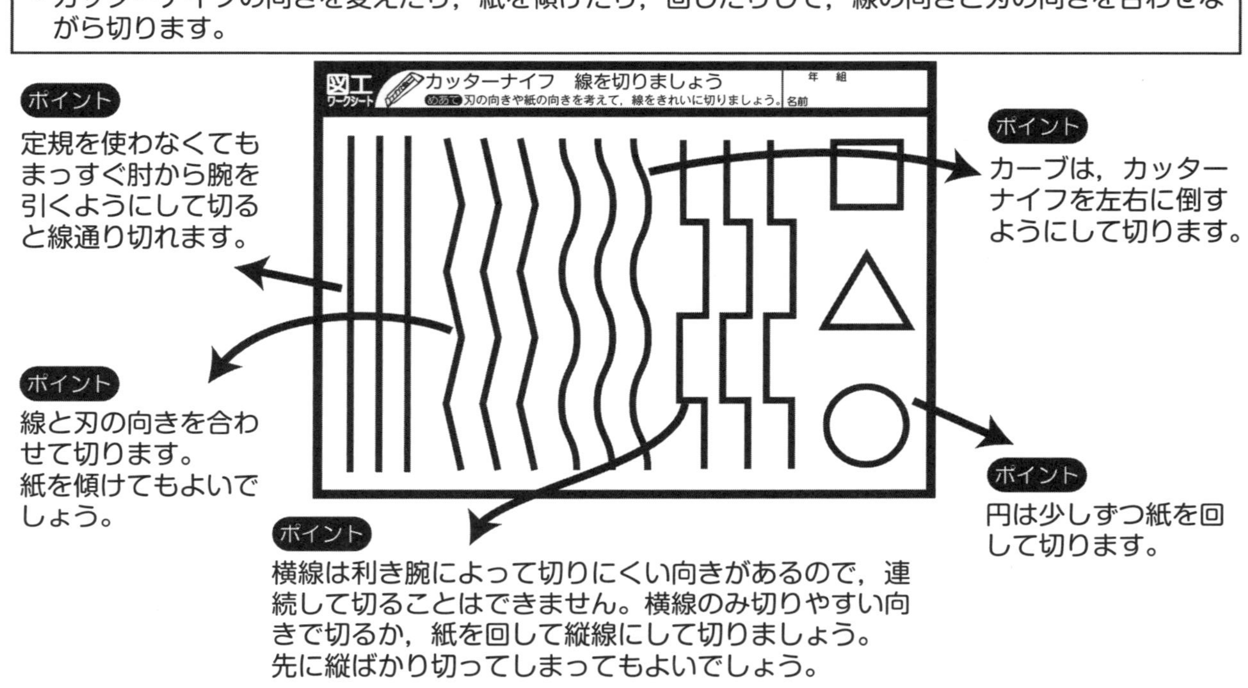

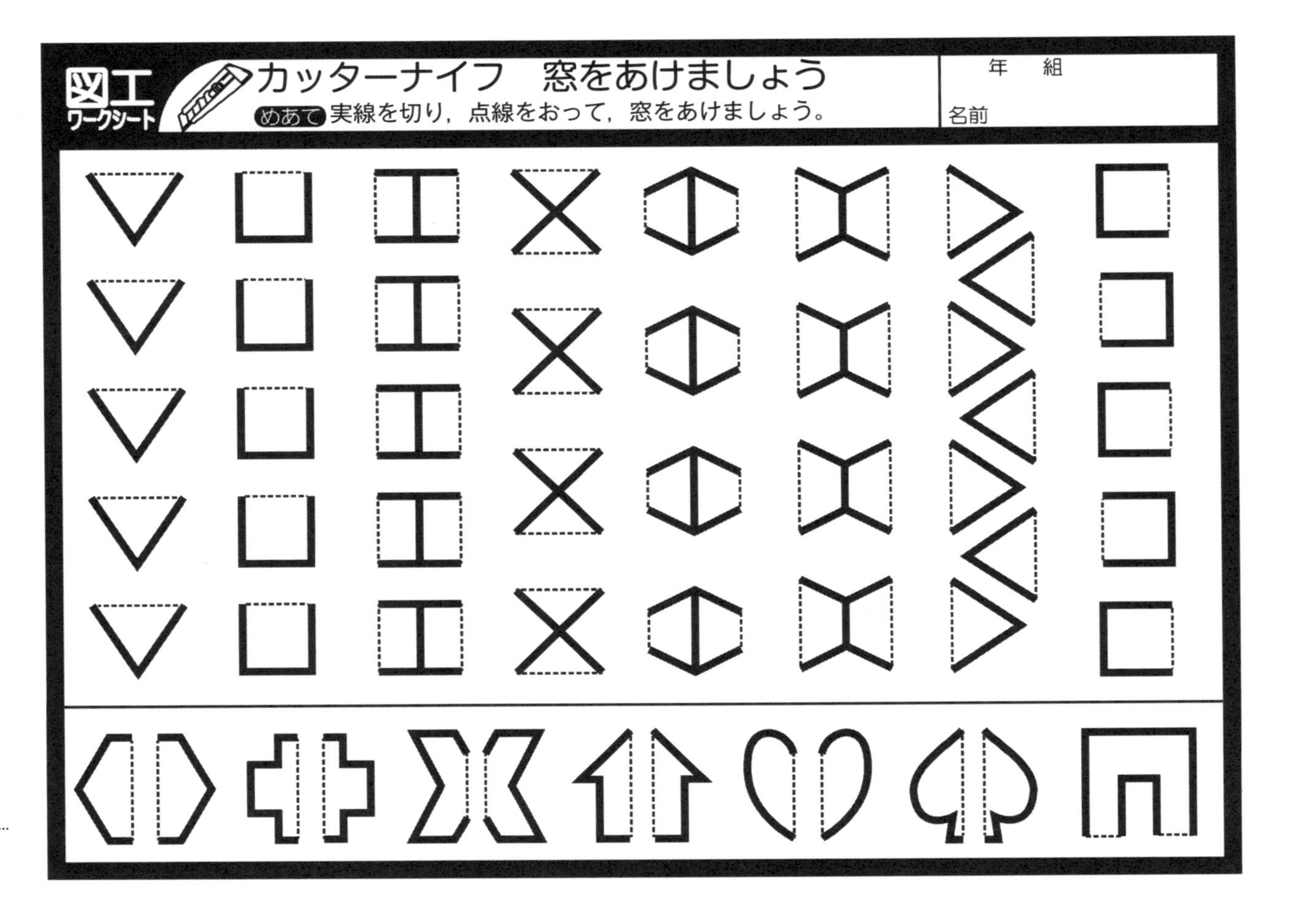
図工
ワークシート
カッターナイフ　窓をあけましょう
めあて
実線を切り，点線をおって，窓をあけましょう。
年　組
名前

図工ワークシート「カッターナイフ　窓をあけましょう」の使い方

- 厚手の上質紙Ａ４判程度に拡大印刷してお使い下さい。
- 紙を切り落とさないで，折りと組み合わせることで窓をあけ，立体的にします。
- 単純な形でも向きを変えたり組み合わせたりすることで変化を出すことができます。
- 応用として，中央に切らない部分を作ることで，いろいろな形の窓を作ることができます。

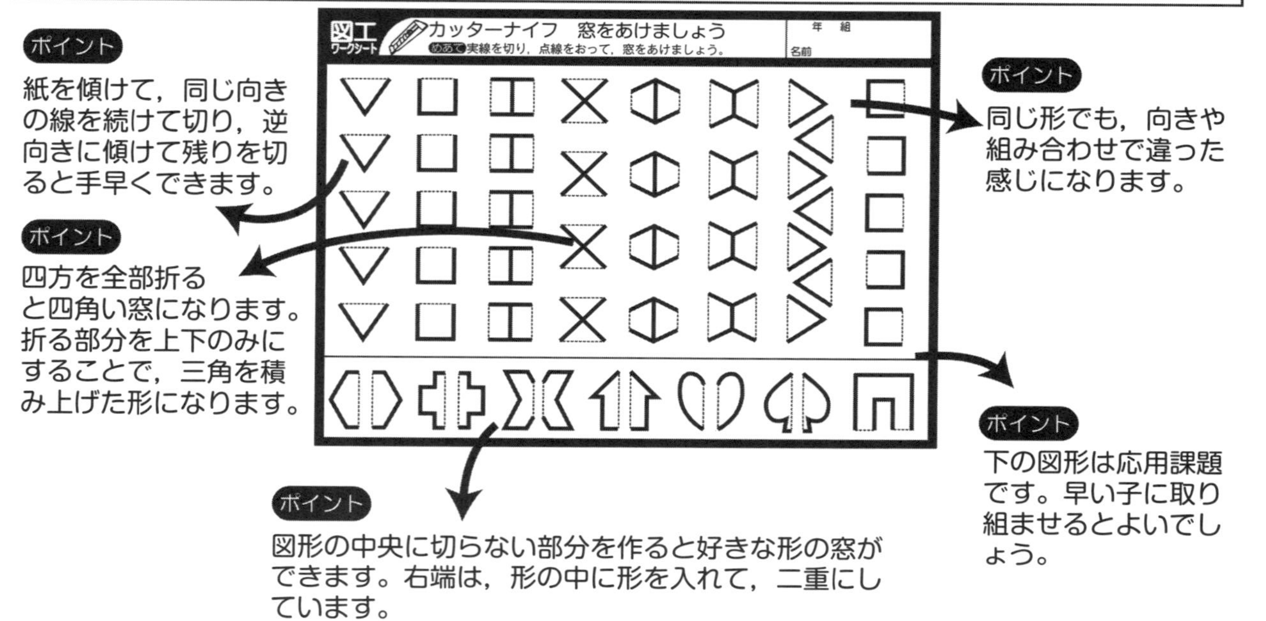

ポイント

紙を傾けて，同じ向きの線を続けて切り，逆向きに傾けて残りを切ると手早くできます。

ポイント

四方を全部折ると四角い窓になります。折る部分を上下のみにすることで，三角を積み上げた形になります。

ポイント

同じ形でも，向きや組み合わせで違った感じになります。

ポイント

下の図形は応用課題です。早い子に取り組ませるとよいでしょう。

ポイント

図形の中央に切らない部分を作ると好きな形の窓ができます。右端は，形の中に形を入れて，二重にしています。

図工
ワークシート
カッターナイフ　切り絵をしましょう
めあて
白い部分を切り取り，残った部分で絵を表しましょう。
年　組
名前

図工ワークシート「カッターナイフ　切り絵をしましょう」の使い方

- 厚手の上質紙Ａ４判程度に拡大印刷してお使い下さい。
- 切り絵を学習する際の技術練習に使用します。
- 黒い線の横を切って，白い部分を取ることで，蝶と花の絵を表現します。カッターナイフの技能だけではなく，全ての線が外枠とつながっている切り絵の図案の特徴を知ることができます。

図工 ワークシート カッターナイフ　切り絵をしましょう
めあて 白い部分を切り取り，残った部分で絵を表しましょう。
年　組
名前

ポイント

円やカーブは，紙を少しずつ回しながら切っていきます。

ポイント

太さを変えることで，線に強弱をつけることができます。

ポイント

切り取ると，紙が弱くなってしまうので，大きな隙間の部分は，ものどうしをつなぐ線を描き加えています。

ポイント

いろいろな形や大きさの図形を切り取る課題です。切りやすい向きへと，紙の向きを頻繁に変えないときれいに切れません。

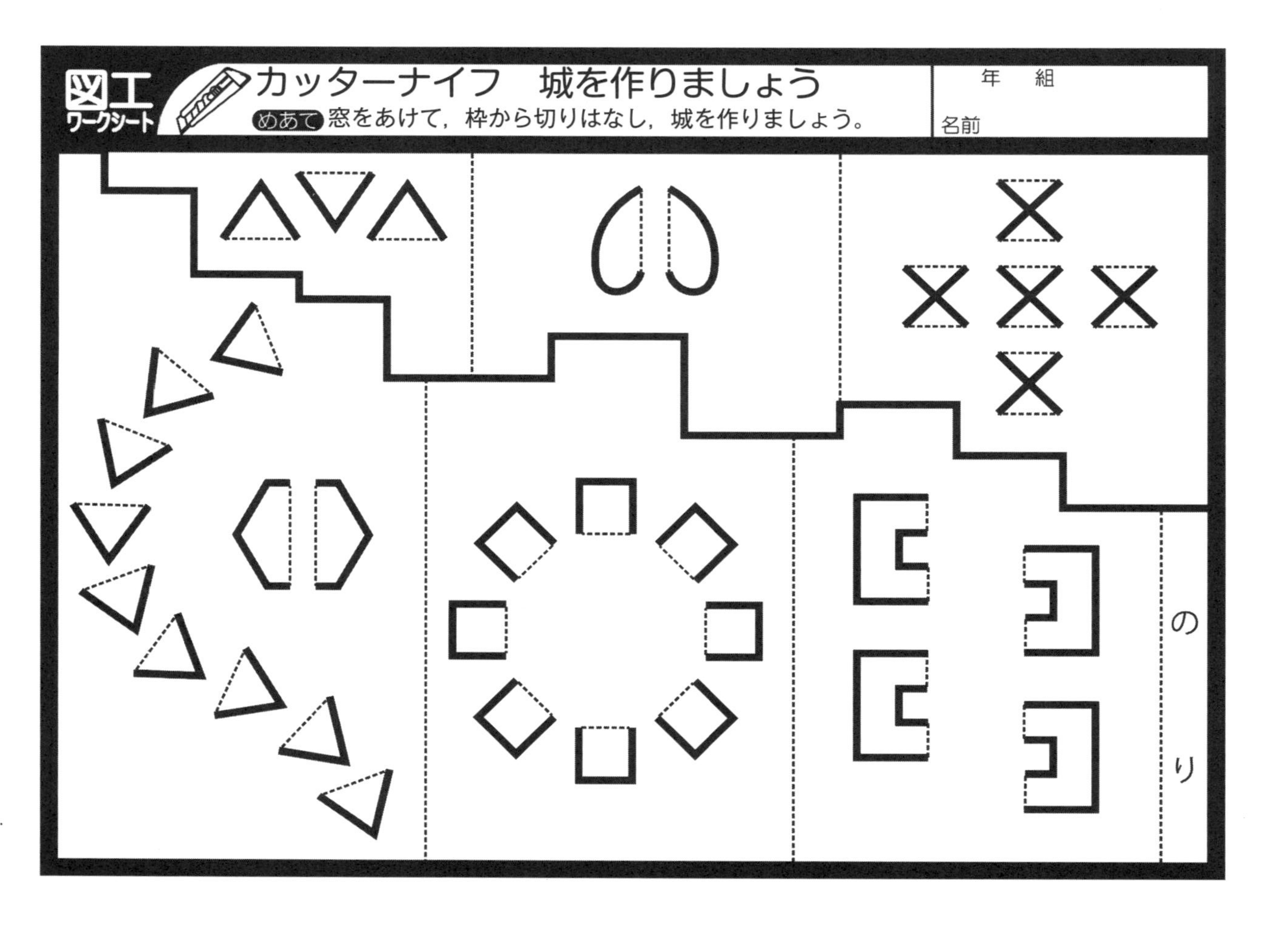
図工
ワークシート
カッターナイフ　城を作りましょう
めあて
窓をあけて，枠から切りはなし，城を作りましょう。
年　組
名前
のり

図工ワークシート「カッターナイフ　城を作りましょう」の使い方

- 厚手の上質紙Ａ４判程度に拡大印刷してお使い下さい。
- ３章の紙工作「夢のお城へようこそ（工作）」をワークシート化したものです。ワークシートから切り離して折り立てることで，ミニ工作を作ることができます。
- 窓の並べ方や向きの工夫を体験することができます。

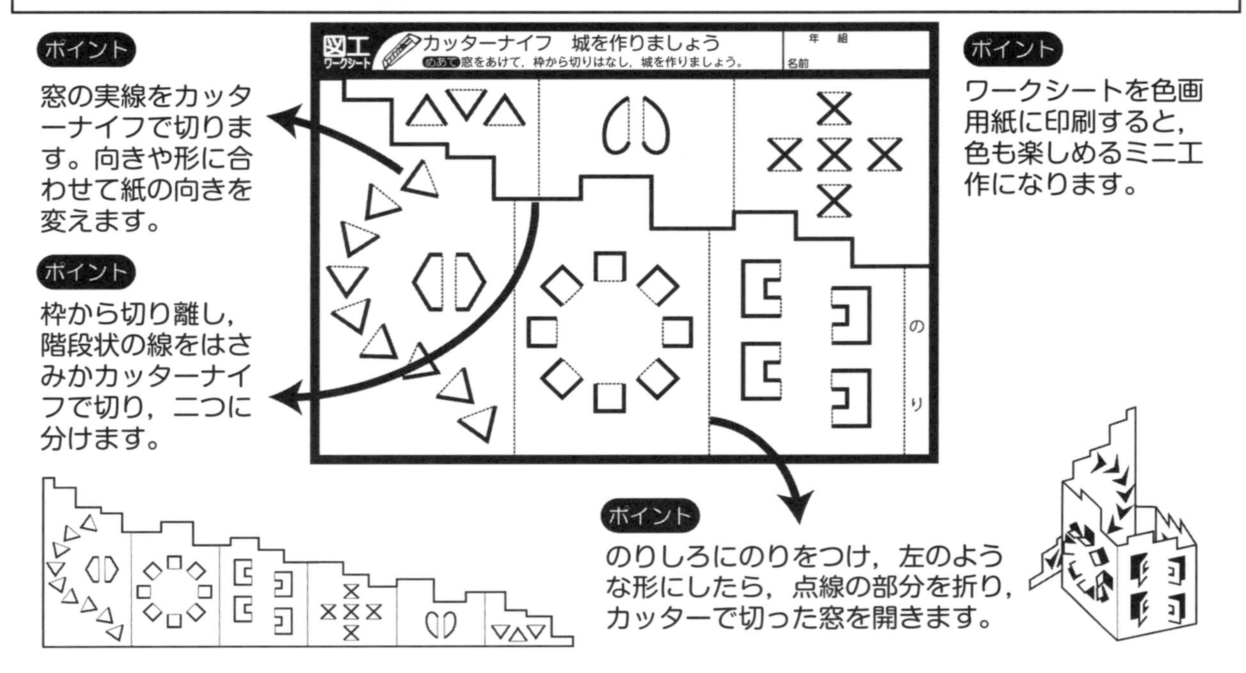

図工 ワークシート

めあて

年　　組

名前

おわりに

私は，難しいこともわかりやすく説明するのが，教師の務めだと思っています。授業で子どもに話をする時だけでなく，職員会議で先生方に提案する時もそれを心がけているつもりでした。しかし，今回，本を書いてみて，伝える難しさを改めて感じています。この言葉で伝わるのだろうかと不安になり，文字を打ち込んでは消しを繰り返し，何日も同じページを眺めて過ごすこともありました。何とか出版に至りましたが，文章表現の未熟さで，読みにくい部分がありましたら，心よりおわび申し上げます。

「はじめに」にも書かせていただきましたが，私は図工作品アイディア集「図工人」（URL：http://zukoujin.com/）を運営し，図工の情報を発信しています。このサイトもあわせてご覧いただき，参考にしていただけますと幸いです。

実は，本の執筆のお話をいただいた時，情報はインターネット上に公開すれば十分で，本として出版する意味はないのではないかと考えていました。しかし，大切だと思うこと，伝えなければいけないことを章ごとにまとめていく中で，こういった系統立てた情報発信は，本という形をとってこそできることだと感じるに至りました。

このような素晴らしい機会を与えていただきました明治図書の茅野現様をはじめ教育書部門編集部の皆様には，大変感謝しております。末尾ながら，この場をお借りしてお礼申し上げます。

【著者紹介】
細見　均（ほそみ　ひとし）
兵庫県公立学校勤務。
普通学級担任として十数年勤務後，1995年より図工専科教員になり現在に至る。2006年より５年間，市の造形教育研究会の代表を務めた。図工に関する情報発信のため，2009年からは，図工作品アイディア集「図工人」（http://zukoujin.com/）を運営。

絵心がない先生のための図工指導の教科書

2017年７月初版第１刷刊
2018年１月初版第２刷刊
©著　者　細　見　均
発行者　藤　原　光　政
発行所　明治図書出版株式会社
http://www.meijitosho.co.jp
（企画）茅野　現（校正）嵯峨裕子
〒114-0023　東京都北区滝野川7-46-1
振替00160-5-151318　電話03（5907）6701
ご注文窓口　電話03（5907）6668
＊検印省略
組版所　中　央　美　版

Printed in Japan　ISBN978-4-18-157819-0